民法改正対応

契約書作成のポイント

若林茂雄・鈴木正人・松田貴男 編著

岩田合同法律事務所 著

商事法務

はしがき

民法（債権法）の改正案（民法の一部を改正する法律案）が平成29年4月14日に衆議院、同年5月26日に参議院でそれぞれ可決されて、いわゆる民法（債権法）の改正法（民法の一部を改正する法律（平成29年法律第44号））が成立し、同年6月2日に公布された。同法は原則として平成32年（2020年）4月1日から施行される予定である。

今回の改正は、民法財産編が明治29年に制定されて以来、約120年ぶりの債権関係部分の抜本的な改正である。改正作業は、法務省が平成18年に民法（債権法）の抜本的見直しに向けた基礎的研究作業に着手して以来、平成21年10月28日の法務大臣による法制審議会に対する民法の債権関係の規定についての見直しの諮問、平成27年2月24日の法制審議会による法務大臣への「民法（債権関係）の改正に関する要綱」の答申、同年3月31日の内閣による「民法の一部を改正する法律案」の国会提出、およびその後の衆参両院における審議を経て、平成29年5月26日に改正法成立、同年6月2日公布、という過程を経た。今回の改正法は、10年を超える長期間にわたる改正作業が結実したものである。

今回の改正では、定型約款に関する規定の新設、消滅時効期間の統一、法定利率の引下げと市中の金利動向に合わせた変動制導入、事業用融資の保証人の意思確認制度の導入、将来発生する債権を対象とする債権譲渡に関する規定の新設、賃貸借契約に伴う敷金および賃借人の原状回復義務に関する規定の新設、買った商品に欠陥があった場合の売主に対する請求方法の整備など、約200項目に及ぶ事項が対象となっている。

はしがき

　執筆者らは、今回の改正作業に対応して、所属する法律事務所内部での研究を進め、その成果に基づいて、これまでに、顧問先である依頼者の皆様向けに複数回の説明会やセミナーを開催していたところであるが、今回の改正法成立を受けて、それらの成果に基づいて本書をまとめることとした。

　今回の民法改正に関しては、すでに多数の解説書が公刊されている。本書は、それらの類書とは一線を画すべく、契約実務上特に重要といえる、売買・賃貸借・委任・金銭消費貸借・保証の各契約を中心に、改正法の内容を反映した契約書の参考例を挙げながら記述することにした。今回の民法改正が、契約実務において具体的にどのように影響するのかをこの段階で実務的な観点から解説することの意義は大きいと考えたためである。

　本書が少しでも読者の皆様のお役に立てば喜びこれに過ぎるものはない。なお、本書の記述内容のうち、意見にわたる部分は、特定の団体等を代表するものではない。

　本書の刊行に多大なご尽力をいただいた株式会社商事法務書籍出版部の皆様に対して、この場を借りて厚くお礼申し上げる。

平成 30 年 4 月

編著者代表

弁護士　若 林 茂 雄

目　次

第1章　はじめに ————————————————— I

1 民法（債権法）改正の経緯 ································· 2

2 民法（債権法）改正の概要 ································· 3

  (1) 民法（債権法）改正の概要 ···························· 3

  (2) 施行日 ·· 3

3 民法（債権法）改正と契約 ································· 4

  (1) 本書のコンセプト ·································· 4

  (2) 民法（債権法）改正と契約に関する基本原則 ············· 5

  (3) 民法（債権法）改正と契約の成立 ····················· 6

  (4) 民法（債権法）改正と履行の不能が契約成立時に生じて
いた場合 ··· 6

  (5) 民法（債権法）改正と契約関係の規定の経過措置 ········· 7

第2章　売買契約 ————————————————— II

1 改正の概要 ·· 12

2 契約不適合責任 ······································· 13

  (1) 改正前民法（瑕疵担保責任等） ······················· 13

  (2) 改正民法（契約不適合責任） ························· 15

   ① 総　論 ··· 15

   ② 各　論 ··· 18

3 契約の解除 ·· 25

  (1) 改正前民法 ······································· 25

  (2) 改正民法 ··· 26

   ① 催告による解除（改正民541条） ··················· 26

   ② 催告によらない解除（改正民542条） ··············· 27

iii

目　次

③　その他の事項 ……………………………………………… 28

4　危険負担（改正民 536 条）………………………………… 29

(1)　債権者主義の廃止について（改正前民 534 条および
　　535 条）……………………………………………………… 29

①　改正前民法 ……………………………………………… 29

②　改正民法 ………………………………………………… 31

(2)　民法 536 条 1 項の法律構成の変更（給付債務消滅構成
　　から履行拒絶権構成へ）………………………………… 31

①　改正前民法 ……………………………………………… 31

②　改正民法 ………………………………………………… 32

5　その他売買契約に関連する事項……………………………… 33

(1)　手付（改正民 557 条）…………………………………… 33

(2)　権利を取得することができない等のおそれがある場合の代
　　金支払の拒絶（改正民 576 条）………………………… 33

(3)　対抗要件具備義務（改正民 560 条）…………………… 34

(4)　他人の権利の売買における売主の義務（改正民 561 条）… 34

(5)　買戻しの特約（改正民 579 条）………………………… 35

＜契約書サンプル＞　不動産売買契約書 …………………… 37

＜契約書サンプル＞　動産売買契約書 ……………………… 51

第 3 章　賃貸借契約 ─────────────── 59

1　改正の概要 ………………………………………………… 60

2　賃貸借契約の成立 ………………………………………… 61

(1)　賃貸借の意義 ……………………………………………… 61

①　改正前民法 ……………………………………………… 61

②　改正民法 ………………………………………………… 61

(2)　賃貸借の存続期間 ………………………………………… 62

①　改正前民法 ……………………………………………… 62

②　改正民法 ………………………………………………… 62

(3)　実務上の留意点 …………………………………………… 63

iv

目　次

3　賃貸借契約における賃貸人および賃借人の地位 ……………64

 (1)　修繕義務 ………………………………………………64

  ①　賃貸人による修繕 …………………………………64

  ②　賃借人による修繕 …………………………………65

 (2)　賃料の減額等 …………………………………………66

  ①　減収による賃料の減額等 …………………………66

  ②　賃借物の一部滅失等による賃料の減額等 …………67

 (3)　実務上の留意点 ………………………………………68

4　賃貸借契約と第三者 ………………………………………69

 (1)　不動産賃借権の対抗力 ………………………………69

  ①　改正前民法 …………………………………………69

  ②　改正民法 ……………………………………………70

 (2)　賃貸不動産の譲渡と賃貸人たる地位の移転 …………70

  ①　改正前民法 …………………………………………70

  ②　改正民法 ……………………………………………70

 (3)　合意による賃貸人たる地位の留保 …………………71

  ①　改正前民法 …………………………………………71

  ②　改正民法 ……………………………………………71

 (4)　費用償還債務・敷金返還債務の承継 ………………72

  ①　改正前民法 …………………………………………72

  ②　改正民法 ……………………………………………72

 (5)　賃借権に基づく妨害排除・返還請求 ………………73

  ①　改正前民法 …………………………………………73

  ②　改正民法 ……………………………………………73

 (6)　転貸借における転借人の保護 ………………………73

  ①　改正前民法 …………………………………………73

  ②　改正民法 ……………………………………………74

 (7)　実務上の留意点 ………………………………………74

5　賃貸借契約の終了 …………………………………………75

 (1)　賃貸借の終了事由 ……………………………………75

  ①　改正前民法 …………………………………………75

目　次

　　　② 改正民法 ……………………………………………………… 75

　　(2)　賃貸借の解除の効力 …………………………………………… 76

　　　① 改正前民法 …………………………………………………… 76

　　　② 改正民法 ……………………………………………………… 76

　　(3)　賃貸借終了時の処理 …………………………………………… 76

　　　① 改正前民法 …………………………………………………… 76

　　　② 改正民法 ……………………………………………………… 77

　　(4)　敷　　金 ………………………………………………………… 78

　　　① 改正前民法 …………………………………………………… 78

　　　② 改正民法 ……………………………………………………… 78

　　(5)　実務上の留意点 ………………………………………………… 79

　＜契約書サンプル＞　建物賃貸借契約書 ……………………………… 80

　＜契約書サンプル＞　定期建物賃貸借契約書 ………………………… 90

第4章　委任契約 ———————————————————— 101

１ 改正の概要 ……………………………………………………… 102

２ 復受任者の選任等 ……………………………………………… 102

　(1)　復委任の要件 …………………………………………………… 102

　　① 改正前民法 …………………………………………………… 102

　　② 改正民法 ……………………………………………………… 103

　(2)　復受任者の委任者に対する権利義務 ………………………… 103

　　① 改正前民法 …………………………………………………… 103

　　② 改正民法 ……………………………………………………… 103

　(3)　実務上の留意点 ………………………………………………… 104

３ 報酬の支払時期 ………………………………………………… 105

　(1)　改正前民法 ……………………………………………………… 105

　(2)　改正民法 ………………………………………………………… 105

　(3)　実務上の留意点 ………………………………………………… 106

４ 委任の中途終了時の報酬請求権 ……………………………… 107

　(1)　履行割合型と成果完成型 ……………………………………… 107

vi

　　　　① 改正前民法 ……………………………………… 107

　　　　② 改正民法 …………………………………………… 108

　　　(2) 委任者の責めに帰すべき事由による場合 …………… 109

　　　　① 改正前民法 ……………………………………… 109

　　　　② 改正民法 …………………………………………… 109

　　　(3) 実務上の留意点 ………………………………………… 110

　5　委任契約の任意解除権 …………………………………… 111

　　　(1) 改正前民法 ……………………………………………… 111

　　　(2) 改正民法 …………………………………………………… 111

　　　(3) 実務上の留意点 ………………………………………… 112

　　＜契約書サンプル＞　業務委託契約書 ……………………… 114

第5章　金銭消費貸借契約 ——————— 129

1　改正の概要 ………………………………………………… 130

2　諾成契約の許容 …………………………………………… 130

　　　(1) 改正前民法 ……………………………………………… 130

　　　(2) 改正民法 …………………………………………………… 131

　　　(3) 実務上の留意点 ………………………………………… 132

　　　　① 実行の前提条件 ………………………………… 132

　　　　② 借主による実行前の解除 ……………………… 132

　3　約定利息 ……………………………………………………… 133

　　　(1) 改正前民法 ……………………………………………… 133

　　　(2) 改正民法 …………………………………………………… 134

　　　(3) 実務上の留意点 ………………………………………… 134

　4　期限前弁済 ………………………………………………… 135

　　　(1) 改正前民法 ……………………………………………… 135

　　　(2) 改正民法 …………………………………………………… 135

　　　(3) 実務上の留意点 ………………………………………… 135

　5　消滅時効 ……………………………………………………… 136

vii

目 次

（1） 時効障害制度 ･･ 136
　① 改正前民法 ･･ 136
　② 改正民法 ･･･ 137
　③ 実務上の留意点 ･･･････････････････････････････････ 139
（2） 時効期間 ･･ 140
　① 改正前民法 ･･ 140
　② 改正民法 ･･･ 141
　③ 実務上の留意点 ･･･････････････････････････････････ 142

6　債権譲渡 ･･･ 143

（1） 債権の譲渡性とその制限 ･･･････････････････････ 143
　① 改正前民法 ･･ 143
　② 改正民法 ･･･ 144
　③ 実務上の留意点 ･･･････････････････････････････････ 146
（2） 異議をとどめない承諾による抗弁の切断 ････････ 146
　① 改正前民法 ･･ 146
　② 改正民法 ･･･ 147
　③ 実務上の留意点 ･･･････････････････････････････････ 147
（3） 将来に発生する債権の譲渡 ･･･････････････････････ 147
　① 改正前民法 ･･ 147
　② 改正民法 ･･･ 147
　③ 実務上の留意点 ･･･････････････････････････････････ 148

＜契約書等サンプル＞　金銭消費貸借契約書 ･････････ 149
＜契約書等サンプル＞　債権譲渡通知書 ･･････････････ 161
＜契約書等サンプル＞　債権譲渡承諾書 ･･････････････ 163
＜契約書等サンプル＞　権利について協議を行う旨の合意書 ･･･ 164
＜契約書等サンプル＞　協議続行拒絶通知書 ･････････ 165

第6章　保証契約 ───────────── 167

1　改正の概要 ･･･ 168

2　個人保証の制限 ･････････････････････････････････････ 169

viii

（1） 改正前民法 ………………………………………………… 169

（2） 改正民法 …………………………………………………… 170

（3） 実務上の留意点 …………………………………………… 174

　① 「事業のため」の借入れの意義 ………………………… 174

　② 契約締結後の条件変更と公正証書ルール …………… 176

　③ 経営者保証の例外の範囲 ……………………………… 177

　④ 金融機関に関する行政的規制 ………………………… 178

3　保証契約締結時の主債務者の情報提供義務 ……………… 178

（1） 改正前民法 ………………………………………………… 179

（2） 改正民法 …………………………………………………… 179

　① 主債務者の情報提供義務の内容 ……………………… 179

　② 主債務者による情報提供義務違反の効果——保証人による

　　取消権 ………………………………………………… 183

（3） 実務上の留意点 …………………………………………… 183

　① 保証人による取消権 …………………………………… 183

　② 債権者による保証人予定者に対する情報提供の要否 …… 184

　③ 債権者における情報提供義務の履践状況の確認 ……… 185

4　保証契約締結後の債権者の情報提供義務 ……………… 186

（1） 改正前民法 ………………………………………………… 187

（2） 改正民法 …………………………………………………… 187

（3） 実務上の留意点 …………………………………………… 188

5　貸金等根保証に関するルールの個人根保証一般への拡大 … 189

（1） 改正前民法 ………………………………………………… 189

（2） 改正民法 …………………………………………………… 189

　① 極度額 …………………………………………………… 189

　② 元本確定期日 …………………………………………… 190

　③ 元本の確定事由 ………………………………………… 190

　④ 求償権についての保証契約 …………………………… 191

（3） 実務上の留意点 …………………………………………… 193

6　保証人の求償権 ……………………………………………… 193

ix

目　次

(1)	改正前民法	193
(2)	改正民法	194
(3)	実務上の留意点	195

7 その他の改正事項 196

(1)	改正前民法	196
(2)	改正民法	196
(3)	実務上の留意点	198

＜契約書サンプル＞ 保証契約書 199

＜契約書サンプル＞ 保証委託契約書 209

凡　例

1　法令　（　）はかっこの中で用いる場合

民法（民）	民法
改正民法（改正民）	民法の一部を改正する法律（平成29年法律第44号）による改正後の民法
改正前民法（改正前民）	民法の一部を改正する法律（平成29年法律第44号）による改正前の民法
附則	民法の一部を改正する法律（平成29年法律第44号）附則
整備法	民法の一部を改正する法律の施行に伴う関係法律の整備等に関する法律（平成29年法律第45号）
改正前商法	民法の一部を改正する法律の施行に伴う関係法律の整備等に関する法律（平成29年法律第45号）による改正前の商法
改正民法施行期日政令	民法の一部を改正する法律の施行期日を定める政令（平成29年政令第309号）

2　判例集

民録	大審院民事判決録
民集	最高裁判所民事判例集
集民	最高裁判所裁判集民事
判時	判例時報
金法	金融法務事情

3　文献

一問一答	筒井健夫＝村松秀樹編著『一問一答　民法（債権関係）改正』（商事法務、2018年）

xi

凡　例

潮見　　　　　　　　　潮見佳男『民法（債権関係）改正法の概要』
　　　　　　　　　　　（金融財政事情研究会、2017 年）
部会資料　　　　　　　法制審議会民法（債権関係）部会資料

第1章

はじめに

第1章　はじめに

1 民法（債権法）改正の経緯

　平成21年10月、法務大臣は民法のうち債権関係の規定の見直し（債権法改正）を法制審議会へ諮問した。これを受けて、法制審議会民法（債権関係）部会において債権法改正の審議が行われた。同部会は、平成23年4月に、「民法（債権関係）の改正に関する中間的な論点整理」を取りまとめ（第1ステージ）、平成25年2月に、「民法（債権関係）の改正に関する中間試案」を取りまとめ（第2ステージ）、それぞれのステージでパブリック・コメントの手続が行われた。平成26年8月には、同部会が「民法（債権関係）の改正に関する要綱仮案」（第3ステージ）を決定した。この仮案は、同部会が最終的な要綱案を決定する前に、実質的な見直しの内容を固めることを目的とするものであったが、同部会で「定型約款」に関する項目について、引き続き検討が行われた（最終ステージ）。そして、平成27年2月10日には、同部会が要綱案を決定し、同月24日、法制審議会総会は、要綱（「民法（債権関係）の改正に関する要綱」）を決定し、法務大臣に対して答申が行われた。

　内閣は、平成27年3月31日、閣議決定に基づき、「民法の一部を改正する法律案」（民法改正法案）と「民法の一部を改正する法律の施行に伴う関係法律の整備等に関する法律案」（整備法案）を第189回国会（常会）に対して提出した。その後、国会において両法案の審議が行われなかったが、平成28年秋に開催された第192回国会（臨時会）において、両法案が衆議院法務委員会に付託されて、

2

審議が行われた。両法案が審議未了の状態で同国会は閉会となったが、閉会中審査（いわゆる継続審査）とされた。そして、第193回国会（常会）において、両法案は衆議院・参議院で承認可決され、平成29年6月2日に公布された。

2　民法（債権法）改正の概要

(1)　民法（債権法）改正の概要

　民法（債権法）改正は主に2つの内容に分類できる。

　1つは、従来の制度の改正や新制度の導入である。たとえば、消滅時効の期間の統一化等の時効に関する規定の整備、法定利率を変動させる規定の新設、保証人の保護を図るための保証債務に関する規定の整備、定型約款に関する規定の新設などがこれに該当する。

　もう1つは、従来の判例法理や学説の明文化である。判例法理の明文化等を行うこととも相まって、改正民法の条文は、改正前民法に比べて、条や項の数が増加している（枝番号も含む）。

(2)　施行日

　改正民法の施行日は原則として平成32年（2020年）4月1日である（附則1条本文、改正民法施行期日政令）。

　なお、施行日の例外として、①公証人による保証意思確認を効力

3

第1章　はじめに

発生要件とする類型に該当する保証（事業のために負担した貸金等債務を主たる債務とする保証や根保証であって、個人を保証人とするもの）に関しては、かかる公正証書は、平成32年（2020年）3月1日から作成することができ（附則21条2項・3項）、②定型約款について改正民法の規定（改正民548条の2～548条の4）を適用しないための反対の意思表示をなし得る期間は、平成30年（2018年）4月1日から施行日前（平成32年（2020年）3月31日）までとされている（附則33条2項・3項）。

3　民法（債権法）改正と契約

(1)　本書のコンセプト

　民法（債権法）改正は契約関係の規律にも変化を生ぜしめる。本書では、契約実務上特に重要な契約である、売買契約（第2章）、賃貸借契約（第3章）、委任契約（第4章）、金銭消費貸借契約（第5章）および保証契約（第6章）を取り上げ、改正の概要を説明するとともに、民法（債権法）改正の内容を反映した契約書の参考例を記載する。以下では、民法（債権法）改正における契約全般に関する改正事項について説明する。

(2) 民法（債権法）改正と契約に関する基本原則

　改正前民法では、契約を締結する自由、契約内容を決定する自由や契約の方式の自由に関する定めがなかった。

　これに対して、改正民法521条1項では、「何人も、法令に特別の定めがある場合を除き、契約をするかどうかを自由に決定することができる」と定められ、契約自由の原則（具体的には契約締結の自由と契約相手方選択の自由）が明文化された。なお、電気、ガス、水道については事業者が適量を供給する義務があり（電気事業法17条、ガス事業法16条、水道法15条）、医師については正当な事由がない限り診療義務があるなど（医師法19条1項）、適用法令において契約締結や当該契約に基づく役務の提供が義務付けられている場合には契約締結の自由と契約相手方選択の自由が修正される。

　また、改正民法521条2項では、「契約の当事者は、法令の制限内において、契約の内容を自由に決定することができる」と定められ、契約内容自由の原則（契約内容の決定の自由）が明文化された。

　さらに、改正民法522条2項では、「契約の成立には、法令に特別の定めがある場合を除き、書面の作成その他の方式を具備することを要しない」と定められ、契約の方式の自由の原則が明文化された。

　これらの改正は、改正前民法において認められると考えられていた事項を明確化したものであり、改正民法により契約実務に大きな影響を与えるものではないと考えられる。

　もっとも、改正民法の下では、契約の締結自体を謝絶する場合や特定の相手方（たとえば、反社会的勢力など）との契約の締結を謝絶する場合において、民法上の明文の根拠が存在するため、事実上の

第1章　はじめに

問題ではあるが、改正前民法と比べて、新規契約申込みに対する謝絶行為が交渉においてより正当化しやすくなると考えられる。

(3)　民法（債権法）改正と契約の成立

　改正前民法では、申込者の申込みと相手方の承諾が合致した時期に契約が成立することに関する定めがなかった。

　これに対して、改正民法522条1項では、「契約は、契約の内容を示してその締結を申し入れる意思表示（以下「申込み」という。）に対して相手方が承諾をしたときに成立する」と定められ、契約の成立の要件および時期が明文化された。また、同条項では、申込者は、相手方に対して①契約の内容を示して意思表示をしなければならないことと②契約の締結を申し入れる意思表示をしなければならないことが明文化された。これは、「申込み」といわゆる「申込みの誘引」を区別するための要件であると考えられる。

　これらの改正は、改正前民法において認められると考えられていた事項を明確化したものであるが、改正民法の下では「申込み」の要件を具備しているか否かの認定がより重要になると考えられる。

(4)　民法（債権法）改正と履行の不能が契約成立時に生じていた場合

　改正前民法では、契約に基づく債務の履行がその契約の成立の時に不能であった場合（いわゆる原始的不能の場合）の効力について明文の定めがなく、解釈に委ねられている。この点、当該解釈については確定的な見解が存在しない状況にあると考えられる。また、改正前民法では、そもそも履行不能の内容や意義に関する明文の定め

もない。

　これに対して、改正民法412条の2第1項では、「債務の履行が契約その他の債務の発生原因及び取引上の社会通念に照らして不能であるときは、債権者は、その債務の履行を請求することができない」と定められ、履行不能が契約その他の債務の発生原因および取引上の社会通念に照らして判断されることや履行不能の場合には債権者が履行の請求ができない（債権は訴求力を有しない）ことが明確となった。その上で、同条2項では、「契約に基づく債務の履行がその契約の成立の時に不能であったことは、第415条の規定によりその履行の不能によって生じた損害の賠償を請求することを妨げない」と定められている。これは、契約に基づく債務の履行がその契約の成立の時に不能であった場合（いわゆる原始的不能の場合）において債権の訴求力を否定する一方で、損害賠償請求に関しては、そのような原始的不能の契約にも、契約としての効力があることが前提とされていると考えられる。

　これらの改正は、改正前民法の規律を変更するものである。特に、原始的不能の場合は改正民法415条に基づく一般的な債務不履行責任を追及できることが明文化されたことから、原始的不能の契約に関する損害賠償の請求根拠についての明文の規定がなく解釈に委ねられていた改正前民法に比べて、認められる損害賠償の範囲が広くなる（信頼利益に限定されず債務不履行を前提とした履行利益も含まれ得る）との解釈と整合的になったとも考えられる。

⑸　民法（債権法）改正と契約関係の規定の経過措置

　改正民法の施行日前に締結された契約や既発生の債権債務について、改正前民法または改正民法のいずれの規定が適用されるのかに

第1章　はじめに

については、附則に定めがあり、基本的には、施行日前に締結された契約や施行日前に発生した債権債務については、改正前民法が適用され、施行日後に締結された契約や施行日後に発生した債権債務については、改正民法が適用される。たとえば、改正民法の施行日前に贈与、売買、消費貸借（改正前民法589条に規定する消費貸借の予約を含む）、使用貸借、賃貸借、雇用、請負、委任、寄託または組合の各契約が締結された場合におけるこれらの契約およびこれらの契約に付随する買戻しその他の特約については、改正前民法の規定が適用される（附則34条1項）。また、施行日前に締結された保証契約に係る保証債務についても、改正前民法の規定が適用される（附則21条1項）。

　なお、施行日前に締結された契約が施行日後に更新された場合に、更新後の契約に改正前民法または改正民法のいずれが適用されるかについては附則に明文の規定はないため、解釈に委ねられる。この点、契約当事者の合意（黙示の合意や、民法619条1項のように黙示の合意を基礎として法律上の規定に基づき更新される場合を含む）による更新の場合には、更新後の契約には改正民法が適用され、一方、更新が当事者の意思によらずに法定更新される場合（借地借家法26条、労働契約法19条など）には、更新後の契約に引き続き改正前民法が適用されることとなると解される（一問一答383頁）。

　経過措置の原則は以上のとおりであるが、附則には、上記の基本的な枠組みを変更して改正民法の適用範囲を拡張したり、法律関係の当事者が3者以上となるものについての特別のルールを定めている規定もあり、問題となる法律関係ごとに、新旧いずれの法律が適用されるのかについて個別の検討が必要である。主要な契約類型に共通して問題となる主な経過措置の定めは以下のとおりである。

　まず、時効の中断・停止（更新・完成猶予）に関しては、時効の

中断・停止事由が施行日前に生じた場合には改正前民法が適用され、時効の更新・完成猶予の事由が施行日後に生じた場合には改正民法が適用される（附則10条2項・3項）。消滅時効の期間に関しては、施行日前に債権が生じた場合（施行日以後に債権が生じた場合であって、その原因である法律行為が施行日前にされたときを含む）におけるその債権の消滅時効の期間は改正前民法が適用され、施行日以後に債権が生じた場合（その原因である法律行為が施行日以後のもの）におけるその債権の消滅時効の期間は改正民法が適用される（附則10条4項）。消滅時効の援用についても、消滅時効の期間に関する規定と同様である（附則10条1項）。

　債務不履行に関しては、施行日前に債務が生じた場合（施行日以後に債務が生じた場合であって、その原因である法律行為が施行日前にされたときを含む）におけるその債務不履行の責任等については、改正前民法が適用される（附則17条1項）。

　契約の解除に関しては、施行日前に契約が締結された場合におけるその契約の解除については、改正前民法が適用される（附則32条）。

第2章

売買契約

第2章　売買契約

1　改正の概要

　本章では、改正民法のうち売買契約に関連する事項について解説する。具体的には、改正で大きく内容が刷新されることになる契約不適合責任をはじめ、解除、危険負担等を取り上げる。これらの規定は、売買契約書における重要な条項に関連するものであり、改正の趣旨を踏まえて改正前民法を前提とした売買契約書の改訂を行うことが必要となる場合が多いと思われる。

　改正事項のうち特に重要な点は、売主が負う担保責任が「瑕疵担保責任」から「契約不適合責任」（改正民562条～568条、570条参照）へと変わったことである。改正前民法では、瑕疵担保責任の規定は特定物（特定物とは、取引の当事者がその物の個性に着目して取引の対象とした目的物のことを指す。土地や建物は、通常は似たような不動産ならどれでもよいというものではなく、その個性に着目して取引の対象とされることから特定物であると考えられている）に対してのみ適用されるかどうかについて対立があり、判例の立場も必ずしも明瞭ではなかったが、改正民法では契約責任説を前提として、特定物であるか不特定物であるかを問わず売主が契約の内容に適合した目的物や権利を引き渡す義務を負うという内容へと明確化された。改正前民法における「瑕疵」の概念が、改正民法の「契約の内容に適合しないもの」という概念へと置き換えられたことに伴い、「契約の内容に適合しないもの」であるかどうかの判断要素の一つとして、契約書上の記載がより重視されるようになると思われる。

また、改正民法では契約責任説を前提に契約不適合責任に係る損害賠償や解除は債務不履行の一般原則に従い処理することとなり、損害賠償の範囲は法定責任説の下での信頼利益に限定されず、要件を満たす場合には履行利益まで含まれ得ることとなった。

さらに、改正民法では、目的物が特定物か不特定物かを問わず「追完請求権」が認められることが明文化された（改正民 562 条）。

2　契約不適合責任

まず、契約不適合責任について述べる。契約不適合責任は、改正前民法における瑕疵担保責任の概念に代わるものとして創設された。契約不適合責任の詳細については下記(2)において述べることとし、その前提として改正前民法でどのような規定が設けられているのかを説明する。

(1)　改正前民法（瑕疵担保責任等）

改正前民法では売主の担保責任という制度が存在する。担保責任とは、売買において売主が、目的物である財産権（所有権等）を欠陥のない状態で買主に移転することを保証（担保）する制度である。

担保責任には、目的物の何を担保するかによってさまざまな種類があり、以下の表のように分類されるが、ここでは担保責任の中でも中心的かつ最重要といえる売買の目的物の瑕疵担保責任（改正前

第 2 章　売買契約

民 570 条）に焦点を当てて検討する。なお、瑕疵とは、簡単にいえば売買の目的物の欠陥のことをいう。

権利の瑕疵	他人の権利の売買	全部他人の権利（改正前民 561 条、562 条）
		一部他人の権利（改正前民 563 条、564 条）
	数量不足または物の一部滅失（改正前民 565 条）	
	売買の目的物への他人の権利の付着	用益権の付着（改正前民 566 条）
		担保権の付着（改正前民 567 条）
物の瑕疵	隠れた物の瑕疵（改正前民 570 条）＝**瑕疵担保責任**	
その他	強制競売の特則（改正前民 568 条）	
	債権の売主が債務者の資力を担保した場合の特則（民 569 条）	

　改正前民法の下では、瑕疵担保責任の法的性質が盛んに議論されていた。瑕疵担保責任の法的性質についての考え方は大きく 2 つに整理される。一方は法定責任説と呼ばれる考え方であり、瑕疵担保責任を、債務不履行責任が発生しない場合に法律が特別に定めた責任であるとする見解である。これに対し、もう一方の考え方は、契約責任説と呼ばれる考え方であり、売買の目的物に瑕疵があった場合には「債務の本旨」に従った履行がなされなかったため債務不履行となると考えられるところ、売買の場合に適用されるルールとして瑕疵担保責任が定められたとする見解である。

　このような議論が始まった原因は、以下の表のとおり債務不履行責任と瑕疵担保責任の内容に差異があったことに起因する。両責任の内容の差異を説明するための理論として法定責任説と契約責任説が唱えられた。

	売主の過失の要否	責任の内容	権利行使期間
債務不履行責任	必要（過失責任）	・解除 ・損害賠償 ・完全履行	10年 （一般の債権の消滅時効と同じ）
瑕疵担保責任	不要（無過失責任）	・解除 ・損害賠償	瑕疵を知ったときから1年 （別途、消滅時効の適用もあり売買目的物の引渡しを受けた時から進行する）

(2) 改正民法（契約不適合責任）

① 総 論

ア 「瑕疵」から「契約不適合」へ

　改正民法の売買の規定においては、物や権利の「瑕疵」という表現が意図的に避けられている。そして、「瑕疵」という概念に代わるものとして、「目的物が種類、品質又は数量に関して契約の内容に適合しないもの」（改正民562条1項等）や「移転した権利が契約の内容に適合しないもの」（改正民565条）といったいわゆる契約不適合の概念が導入された。「契約不適合」は、契約の内容に適合した物や権利を供与する義務という「契約適合性」についての違反として構成されている。

　また、改正前民法の下では、数量の瑕疵と、種類や品質の瑕疵は、異質のものとして捉えられ、別々の規律に服していた。これに対して、改正民法ではそれらを区別することなく、契約適合性という観

第2章　売買契約

点から共通のルールの下に位置付けている。

イ　「契約不適合」とは

改正民法では、売主は、(i) 物の種類・品質・数量に関して契約の内容に適合した物を引き渡すべき義務、および(ii) 契約の内容に適合した権利を供与すべき義務という2つの義務を負っている。買主がこれらの2つの義務のいずれかまたは両方に違反することが「契約不適合」である。

ウ　有償契約への準用（民559条）

改正により変更された点ではないものの、民法第3編第2章第3節の売買の規定（改正民555条〜585条）は改正民法の下でも、その有償契約の性質が許さないものでない限り、売買以外の有償契約一般にも準用される（民559条）。これにより、改正民法下においても、売主の担保責任を定めた規定が賃貸借契約や請負契約等の契約にも適用されることになる。

エ　買主の権利の期間制限（改正民566条）

改正前民法では、買主は、売買目的物の瑕疵を理由とする契約の解除または損害賠償の請求を、買主が事実を知ってから1年以内にしなければならないとされていた（改正前民570条、566条3項）。

これに対して改正民法では、引き渡された目的物が種類または品質に関して契約不適合の場合における買主の権利についてのみ、契約不適合を知ってから1年以内という期間制限を設け、数量に関する契約不適合や移転した権利の契約不適合の場合の買主の権利行使に関する期間制限を設けていない（改正民566条本文）。

また、上記の1年以内という期間制限が適用される場合であって

2 契約不適合責任

も、改正民法では、買主の権利保存の方法として、買主は、目的物が契約の内容に適合しない旨を売主に通知することが必要であるが（この通知は、単に契約不適合があったことを抽象的に伝えるのみでは足りず、不適合の内容を把握することが可能な程度に、その種類・範囲を伝える必要があると考えられている（一問一答 285 頁））、改正前民法における瑕疵担保責任の買主の権利の保存に関する判例（最判平成4・10・20 民集 46 巻 7 号 1129 頁）の定める要件（具体的な瑕疵内容の他に、それに基づく損害賠償請求を行う旨の明示と、請求する損害額の算定根拠を示すなどが必要）に比して、買主の負担が軽減されている。

　このように、改正民法では、改正前民法における瑕疵担保責任追及のための要件について、1 年の期間制限が及ぶ対象が限定されている点、および、1 年の期間制限が適用される場合であっても権利保存の方法が上記の「通知」に限定されている点において、契約不適合責任を追及する買主の負担が軽減されている。

オ　経過措置（附則 34 条 1 項）

　改正民法施行日前に売買の契約が締結された場合における当該契約およびそれに付随する特約については、改正前民法の規定が適用される（附則 34 条 1 項）。

　なお、売買取引、特に継続的な売買取引においては、取引基本契約と個別契約が別個に締結されることがある。これは、取引基本契約では、個別取引に共通して適用される条件についてまとめて合意しておき、各個別取引に際しては、数量・代金などの限定された事項のみについて合意すれば足りることから、各個別取引を迅速・簡易に行うことが可能となるためである。この場合、取引基本契約の締結時点では、売買の基本的な要素である目的物や代金等は特定されていないため、これらの要素が特定される個別契約の締結時が売

第 2 章　売買契約

買契約の締結時点とされる点に留意が必要である。

② 各 論

売買の目的物が契約の内容に適合しないものである場合に、買主が売主に対して採り得る手段は以下の図のとおりである。

なお、売主が買主に移転した「権利」が契約の内容に適合しない場合における売主の責任については、売主が買主に引き渡した「物」が契約の内容に適合しない場合の規定を準用しているため（改正民 565 条）、以下では「物」の売買契約を基準に説明することとする。

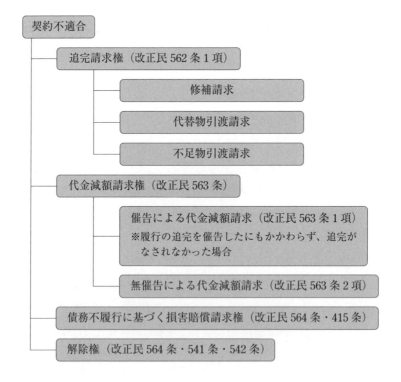

ア 追完請求（改正民562条）

（買主の追完請求権）

562条

1項　引き渡された目的物が<u>種類、品質又は数量に関して契約の内容に適合しないものであるとき</u>は、買主は、売主に対し、<u>目的物の修補、代替物の引渡し又は不足分の引渡し</u>による履行の追完を請求することができる。ただし、売主は、買主に不相当な負担を課するものでないときは、買主が請求した方法と異なる方法による履行の追完をすることができる。

2項　前項の不適合が買主の責めに帰すべき事由によるものであるときは、買主は、同項の規定による履行の追完の請求をすることができない。

　改正民法562条は、買主の追完請求権を定めるものであって、売買目的物の契約不適合責任に関して新設された規定である。契約不適合責任を、契約責任としての債務不履行責任と構成する以上、履行請求権の一環として、当該条項がなくても追完請求権が認められるのが理論上の帰結であるが、本条項が確認的に規定されている。

　本条1項本文は、売買目的物が特定物か不特定物かを問わず、引き渡された目的物が種類、品質または数量に関して契約の内容に適合しないものであるときは、買主は、売主に対し、履行の追完請求権、具体的には、修補請求権、代替物引渡請求権または不足物引渡請求権を有することを定める。したがって、一次的には、追完請求内容の選択は買主に委ねられている。

　もっとも、本項ただし書は、「買主に不相当な負担を課するものでないとき」は、売主が選択した（買主の指定とは異なる）追完方法を採ることができると定めているため、必ずしも買主が選択した追完請求権の内容が実現されるものではない。たとえば、売買の目的物である機械が工場に設置された後に、契約の内容に適合しない

第2章　売買契約

ことが判明した事例において、買主が当該機械の代替物の引渡しを請求した場合であっても、売主は買主に不相当な負担を課すものでなければ、工場に設置された当該機械の修補（修理）によって履行の追完をすることができる。

売主による履行の追完が不能である場合（改正民412条の2第1項）には、買主の追完請求権は認められず、この場合、買主は代金減額請求権（改正民563条）、損害賠償請求権または契約解除権（改正民564条）を行使することとなる。

なお、目的物が契約の内容に適合しないことが買主の帰責事由によるときは、買主は追完請求を行うことができない（改正民562条2項）。

改正民法562条が新設されたことにより、特定物であるか不特定物であるかを問わず、売買目的物が契約不適合である場合に買主が追完請求権を有することが明文化された。これにより、契約上かかる規定がない場合においても、買主が追完請求権を行使可能な場面が生じる等、買主の救済方法の選択肢が増えるという実務上の影響があると思われる。

イ　代金減額請求（改正民563条）

㋐　催告による代金減額請求

改正民法563条1項は、売主が引き渡した目的物が種類、品質または数量の点で契約不適合である場合において、買主が相当の期間を定めて履行の追完の催告をし、その期間内に履行の追完がないときは、買主は、その不適合の程度に応じて代金減額請求権を有することを定めている。

この点、改正前民法では、売買目的物が契約の内容に適合しない場合、数量不足の場合を除いて代金減額請求権は認められていな

2 契約不適合責任

（買主の代金減額請求権）改正民563条	要　件	効　果
1項 催告による代金減額請求	(ⅰ)　引き渡された目的物が契約の内容に適合しないものであること (ⅱ)　買主が相当の期間を定めて履行の追完の<u>催告</u>をしたこと (ⅲ)　その期間内に履行の追完がないこと	買主は、その不適合の程度に応じて代金の減額を請求することができる
2項 無催告による代金減額請求	(ⅰ)　引き渡された目的物が契約の内容に適合しないものであること (ⅱ)　以下のいずれかに該当する場合であること 　(a)　履行の追完が不能であるとき 　(b)　売主が履行の追完を拒絶する意思を明確に表示したとき 　(c)　特定の日時または一定の期間内に履行をしなければ契約をした目的を達することができない場合において、売主が履行の追完をしないでその時期を経過したとき 　(d)　(a)から(c)の場合のほか、買主が催告をしても履行の追完を受ける見込みがないことが明らかであるとき	買主は、売主に対して<u>催告をすることなく、直ちに</u>代金の減額を請求することができる

＊目的物が契約の内容に適合しないことが買主の帰責事由によるものであるときは、買主は代金減額請求を行うことができない（改正民563条3項）。

第2章　売買契約

かった（もっとも、改正前民法の下でも、種類・品質に不適合があった場合に損害賠償の方法で実質的に代金を減額して調整を行う実務対応がなされていた（潮見261頁参照））。これに対して、改正民法では、契約不適合があった場合に、買主の救済手段の1つとして不適合の割合に応じて対価である売買代金を減額することが簡易であり、かつ公平の観点から合理的な対処方法と考えられることから、数量不足の場合に限らず代金減額請求が認められることとなった。

　この代金減額請求権は形成権であり、買主が一方的に意思表示をすることによってその効果が生じる。なお、契約不適合が買主の帰責事由によるときは、買主は代金減額請求権を有しない（改正民563条3項）。

　催告による代金減額請求は、売買契約の一部解除と同じ性質（契約不適合部分の解除）を有することから、その要件は催告による解除の要件と同様の内容となっている（改正民541条）。

(イ)　無催告による代金減額請求

　次に、改正民法563条2項は、買主は、(i)履行の追完が不能であるとき、(ii)売主が履行の追完を拒絶する意思を明確に表示したとき、(iii)特定の日時または一定の期間内に履行をしなければ契約をした目的を達することができない場合において、売主が履行の追完をしないでその時期を経過したとき、あるいは、(iv)(i)から(iii)の場合のほか、買主が催告をしても履行の追完を受ける見込みがないことが明らかであるときは、催告を要せずに、直ちに代金減額請求権を有することを定めている。この要件は無催告解除と同趣旨で定められたものである（一問一答279頁）。

　なお、契約不適合が買主の帰責事由によるときは、買主は代金減額請求権を有しない（改正民563条3項）。

22

2 契約不適合責任

　改正前民法では、目的物が契約の内容に適合しない場合のうち売買目的物の数量不足の場合以外には代金減額請求が認められていなかった。これに対して、改正民法では、種類や品質が契約不適合の場合でも代金減額請求ができることとなった。このため、契約書上で、特段の規定を置かず、改正民法上認められる代金減額請求権をそのまま認めるのか、あるいは、改正民法の規定を修正するための特約を設けて、代金減額請求が認められる場面を制限するのかについて、個別事案ごとに検討することが望ましい。

ウ　損害賠償請求（改正民564条、415条）

　改正民法564条は、売主が引き渡した目的物が種類、品質または数量の点で契約不適合である場合において、買主による債務不履行に基づく損害賠償請求も妨げられないことを定めている。

　したがって、買主は、売買目的物が契約不適合である場合には、契約不適合責任としての追完請求権、代金減額請求権のほかに、債務不履行の一般規定の定めるところに従い債務不履行に基づく損害賠償請求権を有することになる（改正民564条、415条）。

　債務不履行に基づく損害賠償請求は、債務者がその債務の本旨に従った履行をしないとき、または債務の履行が不能であるときに行うことができる（改正民415条1項本文）。ただし、債務者が債務不履行の帰責事由がないことを主張立証した場合には損害賠償責任を負わない（同項ただし書）。したがって、売主に帰責事由がない場合には買主の損害賠償請求は認められない。このように、契約不適合責任としての損害賠償請求には売主の帰責事由が必要となったことが、改正前民法下における瑕疵担保責任の場合との大きな相違点の一つである（一問一答280頁参照）。

　売主が損害賠償責任を負うときは、債務不履行一般の場合と同様

第 2 章　売買契約

に履行利益（契約が完全に履行されたならば買主が得たであろう利益。たとえば、転売利益が挙げられる）を賠償することを要する。

　また、一定の場合には、債権者が本来の債務の履行に代わる損害賠償（填補賠償）を請求することができることが明文化された（改正民 415 条 2 項）。

　損害賠償の範囲は、改正前民法の通常損害と特別損害の枠組みが維持されている（改正民 416 条）。

エ　契約解除（改正民 564 条、541 条）

　改正民法 564 条は、売主が引き渡した目的物が種類、品質または数量の点で契約不適合であるときは、買主による解除権の行使を妨げられないことを定めている。

　したがって、買主は、売買目的物が契約不適合である場合には、追完請求権、代金減額請求権、債務不履行に基づく損害賠償請求権のほかに、契約解除権を有することになる。改正前民法では、瑕疵を理由として解除が認められるのは、契約の目的を達成することができない場合に限られていたが（改正前民 570 条、566 条 1 項）、改正によりそのような限定はなくなった。

　契約の解除に関する規定（改正民 540 条～548 条）については、賃貸借契約等の他の契約類型にも適用されることから、項を改めて後記 3 において説明する。

3 契約の解除

3 契約の解除

(1) 改正前民法

　有効に成立した契約は、一方の当事者が勝手に破棄することはできないが、一定の要件のもとに一方的な契約の破棄が認められることがある。この一方的な破棄の意思表示を解除という。解除の類型としては大きく分けて、(ⅰ)当事者の合意による場合（契約上の規定に基づく「約定解除」や、当事者が契約の解消を合意するというそれ自体が契約の一種でもある「合意解除」等）、(ⅱ)法律によって解除権が与えられる「法定解除」の2つがあるが、ここでは(ⅱ)の「法定解除」のうち各契約類型に共通する「債務不履行を理由とする解除権」を取り上げる。

　改正前民法では、(ⅰ)「履行遅滞等による解除権」（改正前民541条）、(ⅱ)「定期行為の履行遅滞による解除権」（改正前民542条）および(ⅲ)「履行不能による解除権」（改正前民543条）の3類型が規定されていた。これに対して、改正民法では、(ⅰ)「催告による解除」（催告解除。改正民541条）と(ⅱ)「催告によらない解除」（無催告解除。改正民542条）の2類型に整理された。

　改正前民法の下では、債務不履行に基づく解除について当該不履行に債務者の帰責性が必要であると解されていた（なお、「履行不能による解除権」は明文で債務者の帰責性を必要としていた（改正前民543条ただし書））。

25

第2章　売買契約

　これに対して、改正民法は、債務不履行による解除について債務者の帰責事由は不要であるという立場に転換した。その趣旨は、解除制度の位置付けを、債務者に対する責任追及の手段から、債務の履行を得られなかった債権者を契約の拘束力から解放するための手段へと転換した点にある。なお、改正民法は、債務不履行が債権者の帰責事由によるものである場合には債権者による契約の解除を認めない旨を明文化している（改正民543条）。

　以下、改正民法における契約の解除について説明する。

(2) 改正民法

① 催告による解除（改正民541条）

　改正民法541条は、当事者の一方がその債務を履行しない場合に、相手方が相当の期間を定めて履行の催告をし、その期間内に履行がないときは、相手方は、原則として契約を解除することができる旨を定めている（同条本文）。ただし、催告期間経過時における債務の不履行が、その契約および取引上の社会通念に照らして軽微なものにとどまるときは、相手方は契約を解除することができない（同

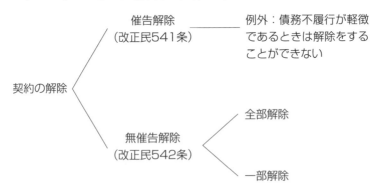

3 契約の解除

条ただし書)。

「軽微」といえるかどうかは、(i)不履行の態様の軽微性や、(ii)違反された義務の軽微性を基準に判断されることになる(潮見 217 頁)。

たとえば、ある製品を製作するための部品を供給する契約において、債務者が供給しなかった部品が数量的には僅かであるものの、当該製品の製作にとっては必要不可欠のものである場合には、その不履行は当該契約および取引通念に照らして軽微であるとはいえないと考えられるため、債権者は催告解除をすることができる(部会資料 79 - 3・13 頁)。軽微性については最終的には裁判所で判断されるため、具体的な判断の基準については、今後の司法判断の蓄積を待つ必要がある。

② 催告によらない解除(改正民 542 条)

改正民法 542 条 1 項各号は、5 つの無催告による全部解除の事由を定めており、これらはいずれも債務不履行により契約目的の達成ができないと評価される場合である。

また、同条 2 項は、(i)一部の履行不能、または(ii)一部の履行拒絶の場合に、債権者が無催告で契約の一部を解除できる旨を定める。改正民法 542 条は、改正前民法 543 条(履行不能による解除権)の内容の反映や従前からの一般的な解釈を明確化したものであり、実務への影響は大きくないと考えられる。

これらの無催告解除ができる場合(全部解除・一部解除)をまとめると以下の表のとおりである。

27

第2章　売買契約

1項　全部解除	(ⅰ)　債務の全部の履行不能	
	(ⅱ)　債務者による明確な全部の履行拒絶（明確な意思表示）	
	(ⅲ)　債務の一部の履行不能または明確な一部の履行拒絶により、残存部分のみでは契約目的の達成ができないとき	
	(ⅳ)　特定の日時または一定の期間内に履行をしなければ契約をした目的を達することができない場合において、履行をしないでその時期を経過したとき	
	(ⅴ)　債権者が催告をしても契約目的達成に足りる履行がされる見込みがないことが明らかであるとき	
2項　一部解除	(ⅰ)　債務の一部の履行不能	
	(ⅱ)　債務者による明確な一部の履行拒絶	

③　その他の事項

　その他、改正民法では、解除の効果（改正民545条3項）や解除者の故意による目的物の損傷等による解除権の消滅（改正民548条）等の条項の改正がなされたが、従前からの一般的な解釈の明確化や規定間の調整に関するものであり、実務への実質的な影響はないと思われる。

4 危険負担（改正民536条）

　危険負担については、以下で詳述するとおり、改正に伴い、制度が大幅に変更された。

　改正民法においては、危険負担における債権者主義を廃止し、改正前民法534条および535条は削除された（下記(1)）。また、債務者主義を定める改正民法536条1項は、改正前民法536条1項が債務者の給付債務が消滅する構成を採っていたのに対し、債権者による反対給付の履行拒絶権構成に変更された（下記(2)）。

(1) 債権者主義の廃止について（改正前民534条および535条）

① 改正前民法

　改正前民法では、ある債務が履行不能となった場合には、当然に当該債務は消滅することが前提とされていた。そこで、双務契約において発生した一方の債務が、当事者双方に帰責性なく消滅した場合に、もう一方の債務の帰趨にどのような影響を与えるかが問題となる。

　この問題について、たとえば、AB間の双務契約に基づいてAのBに対する甲債権、BのAに対する乙債権が発生している場合において、甲債権が後発的に不能となり消滅した場合には、甲債権の

第 2 章　売買契約

債務者であるBがその危険を負担し、BのAに対する乙債権も消滅するとする考え方を「債務者主義」という（図1）。反対に、甲債権の債権者であるAがその危険を負担し、BのAに対する乙債権は消滅しないとする考え方を「債権者主義」という（図2）。

改正前民法では、原則として債務者主義を採りながらも、特定物売買において例外的に債権者主義を採用している（改正前民534条～536条）。

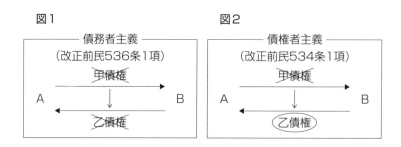

以上のとおり、改正前民法では、特定物売買について債権者主義が採用されていたが、以下の理由により、学説の多くから合理性を欠くとの批判を受けていた。

すなわち、特定物売買について債権者主義が採用された理由は、目的物の所有権を有する者が契約締結後に生じた価格高騰の利益を取得する以上、滅失等の危険も負担するべきであり、また、特定物の買主は契約の成立によってその所有権を取得するのであるから、契約締結後その物の滅失等の危険は買主が負担するべきであるなどと説明されていた。しかし、そもそも目的物の価格高騰とその滅失では次元が異なり比較すべき関係にはなく（一問一答227頁）、また、危険負担の規定が適用されるのは、買主が目的物の引渡し（動産）または登記（不動産）を受けて完全に所有者となる前であるから、(i)所有者が危険を負担することを前提としても、買主に危険を負

担させるべきという結果にはならず、(ⅱ) 買主は双務契約の成立に
よってその目的物を自分の支配に収めた後に目的物の滅失等の危険
を買主が負担することが公平であるということを理由に、批判され
ていた。

② 改正民法

　これを受けて、改正民法では、例外的に債権者主義を定めた規定
である改正前民法534条および535条が削除され、売買の目的物の
滅失等のリスクは、目的物（動産および不動産）の引渡時に移転す
ることが規定され（改正民567条1項）、引渡前の特定物売買の目的
物の滅失等のリスクは債務者が負うことになった。

　改正前民法の下では目的物の滅失等のリスクの移転時期について、
目的物の支配権が移転した時期であるとの見解があったが、その具
体的な内容が明らかではなく、実務上、リスクの移転時期を引渡時、
代金支払時など、契約書上明記して対応するケースも多く見られた。
改正民法下では、契約における特段の手当てをしなくても、売買の
目的物の滅失等のリスクの移転時期が、目的物の引渡時であること
が民法の条文の文言上明らかとなっており、改正前民法下において
実務上多く見られた対応に沿った規定となっている。

(2) 民法536条1項の法律構成の変更（給付債務消滅構成から履行拒絶権構成へ）

① 改正前民法

　改正前民法では、危険負担について原則として債務者主義が採用
されており、双務契約における一方の債務が履行不能となった場合

第 2 章　売買契約

には、当該債務が消滅することを前提に、他方の債務も消滅すると
の構成を採っていた（給付債務消滅構成）。

②　改正民法

　これに対し、改正民法では、「当事者双方の責めに帰することが
できない事由によって債務を履行することができなくなったときは、
債権者は、反対給付の履行を拒むことができる」との規定に変更さ
れた（改正民 536 条 1 項）（履行拒絶権構成）。

　改正に伴い、給付債務消滅構成から履行拒絶権構成へと法律構成
が変更された理由は以下のとおりである。すなわち、改正民法では、
債務が履行不能になった場合には、（債務者の帰責事由を問うことな
く）契約を解除することができる旨を定めており（改正民 542 条 1
項 1 号または 2 号）、履行不能であっても当該債務は当然には消滅せ
ず、契約解除の意思表示をまって当該債務が消滅するという制度設
計が採られている。かかる制度設計と矛盾しない形で危険負担の制
度を残置させるため、改正民法では、債務者の責めに帰することが
できない事由によって債務の履行が不能となったときに、債権者は
債務者からの反対債務の履行請求を拒絶することができる旨を定め
た（履行拒絶権構成）。

5 その他売買契約に関連する事項

(1) 手付（改正民557条）

　改正民法557条1項は「買主が売主に手付を交付したときは、買主はその手付を放棄し、売主はその倍額を現実に提供して、契約の解除をすることができる。ただし、その相手方が契約の履行に着手した後は、この限りでない」と規定している。

　改正民法では、手付解除を行うに当たり、①売主は手付の倍額を現実に提供しなければならないこと、および、②相手方が契約の履行に着手した後は手付解除することができないことが明記されたが、いずれも判例法理（前者について最判昭和51・12・20判時843号46頁ほか、後者について最大判昭和40・11・24民集19巻8号2019頁）を明文化したものであり、民法改正による実質的な内容の変更はない。

(2) 権利を取得することができない等のおそれがある場合の代金支払の拒絶（改正民576条）

　改正民法576条は、「売買の目的について権利を主張する者があることその他の事由により、買主がその買い受けた権利の全部若しくは一部を取得することができず、又は失うおそれがあるときは、買主は、その危険の程度に応じて、代金の全部又は一部の支払を拒

33

第 2 章　売買契約

むことができる。ただし、売主が相当の担保を供したときは、この限りでない」と規定している。

　本条は、改正前民法 576 条の事由に加え「その他の事由」によっても代金の全部または一部の支払を拒むことができることが明記された。これは、改正前民法の下においても、売買目的物上に用益物権があると主張する第三者が存在する場合や、債権売買において債務者が債務の存在を否定している場合において、改正前民法 576 条の類推適用を認めていたところ、このような場合にも同条を適用可能なよう明文を定めたものであり、民法改正による実質的な内容の変更はないと考えられる。

(3)　対抗要件具備義務（改正民 560 条）

　改正民法 560 条は、「売主は、買主に対し、登記、登録その他の売買の目的である権利の移転についての対抗要件を備えさせる義務を負う」と規定している。

　本条は、改正前民法においても解釈上認められていた、売主には対抗要件を具備するのに必要な行為をすべき義務があることを明文化したにすぎず、民法改正による実質的な内容の変更はない。

(4)　他人の権利の売買における売主の義務（改正民561条）

　改正民法 561 条は、「他人の権利（権利の一部が他人に属する場合におけるその権利の一部を含む。）を売買の目的としたときは、売主は、その権利を取得して買主に移転する義務を負う」と規定している。

　本条は、他人物売買に関する改正前民法 560 条の規定を維持した

5　その他売買契約に関連する事項

上で、かっこ書を加えることにより権利の全部が他人に属する場合のみならず、権利の一部が他人に属する場合も含めて、売主に権利を取得して買主に移転する義務があることを明確化したものである。

なお、改正前民法562条では、他人の権利であることについて善意であった売主には、契約から離脱するために解除権が付与されていた。しかし、実務上さほど使われていない上、不動産登記等により権利関係を調査しやすい現代においては、十分な調査をしなかった者について、善意であるという一事をもって契約の解除を認める必要性も乏しいとの理由で、改正民法下では、善意の売主の解除権は廃止された（一問一答272〜273頁）。

⑸　買戻しの特約（改正民579条）

改正民法579条は、「不動産の売主は、売買契約と同時にした買戻しの特約により、買主が支払った代金（別段の合意をした場合にあっては、その合意により定めた金額。第583条第1項において同じ。）及び契約の費用を返還して、売買の解除をすることができる。この場合において、当事者が別段の意思を表示しなかったときは、不動産の果実と代金の利息とは相殺したものとみなす」と規定している。

買戻しの特約とは、不動産の売買契約において、売主が買主に対して買主が支払った代金等を返還して売買契約を解除することができることを内容とする特約（解除権留保特約）をいう。不動産の売買契約において、かかる特約が規定されている場合には、売主は特約に規定された金銭を返還することにより買戻権を行使することができる。この場合、売主は、買戻権行使の結果として、買主に売却した不動産を取り戻すことが可能となる。

本条は、買戻しの特約に関する改正前民法579条の規定を維持し

35

第 2 章　売買契約

た上で、同条前段にかっこ書を付すことにより、買戻しの際に売主
が提供すべき金額を両当事者の合意により決定できることとしたも
のである。

　改正前民法下では、売主が買戻特約に基づく解除権を行使する際
に、売主が返還しなければならない金額が「買主が支払った代金及
び契約の費用」と固定されていたため（改正前民 579 条）、実務上は、
買戻しの特約ではなく、返還金額を当事者間が自由に決定すること
ができる再売買の予約が利用されることが多かった。本改正は、か
かる実態を踏まえ、当事者の合意により買戻価格を決定できること
を明確化し、明文上の制度である買戻しの利用の促進を図ることを
意図している。

36

〈契約書サンプル〉

　以下では、不動産売買契約書と動産売買契約書について、改正民法下における契約書サンプルを掲載する。

不動産売買契約書

　○○（以下「甲」という。）と○○（以下「乙」という。）とは、甲の所有する別紙1記載の不動産（以下土地を「本土地」、建物を「本建物」という。また、本土地および本建物を総称して「本物件」という。）に関し、以下のとおり売買契約（以下、「本契約」という。）を締結する。［なお、乙は、本物件の購入後、○として使用する予定である。／なお、乙は、本物件の購入後、本建物を解体する予定であり、その後本土地に○階建ての賃貸マンションを建設することを企図している。］

第1条（売買契約の成立）

　甲は本物件を乙に売り渡し、乙はこれを買い受けた。

第2条（売買代金）

　本物件の売買代金は、金○○円也（本土地金○○円、本建物金○○円、消費税等相当額○○円）とする。

第3条（支払方法）

1　乙は、甲に対し、本契約の締結と同時に、手付金として、金○円を支払う。手付金には利息を付さないものとし、売買代金の全額を支払う際に、売買代金の一部として充当する。

2　乙は、甲に対し、売買代金のうち、手付金額を差し引いた残額

第2章　売買契約

金○円を、第9条第1項に定める書類の提供および引渡しを受けるのと引き換えに、○年○月○日限り支払う。ただし、双方協議し決定の上、同期限を早めることができる（以下、○年○月○日または本項ただし書に基づいて甲と乙が別途合意した日を総称して「決済日」という。）。

3　前二項に定める手付金および売買代金の残金は、別紙1に定める振込指定口座に振り込む方法により支払う。なお、振込手数料は、乙の負担とする。

第4条（境界の明示および実測図の作成）

1　甲は、前条第2項に定める決済日までに、本土地につき道路および隣地との境界を確定した上で、乙に対し、明示する。

2　甲は、その責任と負担において、前項の規定に従い確定した本土地の境界をもとに、土地家屋調査士等資格ある者に本土地の測量を行わせた上で確定実測図を作成させるとともに、前条第2項に定める決済日までに乙に交付する。

第5条（売買代金の精算）

1　本土地の面積は実測面積によるものとし、前条第2項に定める測量の結果、実測面積が別紙1表示の地積と相違する場合には、第2条の規定にかかわらず、1㎡当たり金○○円也の割合で算出した金額を売買代金とし、第3条第2項に定める残代金支払時に精算する。

2　第3条第2項に定める決済日以降、前条第2項の測量調査による測量結果である実測面積に相違あることが発見されたとしても、甲乙いずれも前項により確定した売買代金の増減額請求その他何ら異議を申し出ないものとする。

第6条（所有権移転の時期）

本物件の所有権は、甲が乙から第2条に定める売買代金の全額の

支払を受けた時に、甲から乙へ移転する。

第7条（引渡し）

1 甲は、第2条に定める売買代金の全額の支払を受けるのと引き換えに、本物件を乙に引き渡す（以下、「本引渡し」といい、本引渡しを行う日付を「本引渡し日」という。）。

2 乙は、甲に対し、本引渡しの完了後、引渡確認書を交付して、本引渡しの確認を行う。

3 甲は、乙に対し、別紙1記載の付帯設備（以下「本付帯設備」という。）を、本物件と同時に引き渡す。

4 甲は、本契約締結後、本引渡しに至るまで、本物件を善良な管理者の注意をもって管理し、本物件の所有名義の変更、占有の移転、抵当権等の担保権または用益権の設定等、その他現状を変更する一切の行為を行わない。

5 本物件の管理責任は、本引渡し日をもって甲から乙に移転するものとし、以後乙が自己の責任と負担において本物件を管理する。

第8条（負担の消除）

1 甲は、第6条に定める所有権移転の時期まで（同時を含む。）にその責任と負担において、本物件について地上権、賃借権、抵当権、その他名目形式の如何を問わず、乙の完全な所有権の行使を阻害する一切の負担を除去または抹消し、第三者の占有のない状態で引渡しをする。

2 甲は、その法令違反行為または本契約に違反する行為に起因または関連し、第三者から、乙、その関連会社、それらの取締役または従業員（以下「乙側被補償者」という。）に対してなされる一切の要求、請求または訴訟（法律上正当な根拠があるか否かを問わない。）について、乙側被補償者に一切の経済的負担（かかる要求等に対応するための一切の費用および弁護士等の専門家の報酬を含む。）が生じないように取り計らうものとし、万一、乙側被補

第2章　売買契約

償者に何らかの経済的負担が発生した場合は、その金額を乙側被
補償者からの請求後速やかに乙側被補償者に支払い、その経済的
負担を補償する。［ただし、かかる経済的負担については、社会通
念上合理的なものに限る。］

第9条（所有権移転登記等）

1　甲は、乙による第2条に定める売買代金の全額の支払と引き換
えに、本物件について乙が所有権移転登記手続をするのに必要と
なる、登記義務者として法務局に提出すべき一切の書類を、乙に
対し提供する。

2　乙は、前項の書類を受領後直ちに、本物件についての所有権移
転登記手続をその費用負担において行う。

第10条（事務処理に必要な費用の負担）

本契約書に貼付する印紙の費用その他本契約の締結に要した費用
は、本契約に別段の定めがない限り、甲乙それぞれが平等に負担す
る。

第11条（公租公課等の負担）

1　本物件に対して賦課される固定資産税、都市計画税等の公租公
課（以下、総称して「公租公課」という。）は、賦課の宛名名義の
如何にかかわらず、本引渡し日の前日までの分は甲が負担し、本
引渡し日以降の分は乙が負担するものとし、甲乙は第3項に従っ
て精算を行うものとする。

2　前項の公租公課負担の起算日は、本契約締結日を含む暦年の1
月1日とする。

3　第1項の公租公課の精算は、第3条第2項に定める決済日に行
うものとするが、公租公課のうち、決済日において金額が確定し
ていないものがある場合には、その確定の時に公租公課全額を精
算するものとする。

40

第12条（収益および負担の帰属）

1　本物件より生ずる収益および賦課される電気、ガス、水道その他の付帯設備の使用料等各種負担金については、その宛名名義の如何にかかわらず、本引渡し日をもって区分するものとし、本引渡し日の前日までの分は甲に帰属し、本引渡し日以降の分は乙に帰属するものとする。

2　前項の精算については、第3条第2項に定める決済日に行うものとする。ただし、かかる精算を決済日に行うことができない場合は、甲乙の合意により、決済日以降にかかる精算を行うことができるものとする。

第13条（手付解除）

1　甲は、乙に対し、受領済の手付金の倍額を支払い、また、乙は、甲に対し支払済の手付金を放棄して、それぞれ本契約を解除することができる。

2　相手方が本契約の履行に着手したとき、または○年○月○日を経過した日以降は、甲および乙はいずれも前項に定める解除をすることができない。

第14条（引渡前の滅失・損傷）

1　本物件の全部または一部が、本引渡し前に天変地異その他不可抗力により滅失または損傷した場合、その他公用徴収、建築制限等公法上の負担が課せられた場合には、その損失は甲の負担とする。

2　本引渡し前に、前項に定める事由によって、本物件が損傷したときは、甲は、本物件を修復して乙に引き渡す。この場合、修復によって本引渡しが第3条第2項に定める決済日以降となる場合であっても、乙は、甲に対し、本引渡しの延期について異議を述べることができない。ただし、かかる場合、決済日は甲による本引渡し日まで延期され、第3条第2項に定める乙の支払は、同項

第 2 章　売買契約

にかかわらず、甲が本引渡しをするのと引き換えに行う。

3　甲は、前項に定める修復が著しく困難なとき、または過大な費用を要するときは、本契約を解除することができるものとする。また、乙は、本物件の損傷により本契約の目的が達せられないときは、本契約を解除することができる。

4　前項によって、本契約が解除された場合、甲は、乙に対し、受領済の金員を無利息で当該解除の日から遅滞なく返還する。

第 15 条 （契約違反による解除）

1　甲または乙いずれか一方が本契約に定める債務を履行しない場合には、相手方は相当の期間を定め催告の上、本契約を解除することができる。

2　前項の規定により乙の債務不履行を理由として甲が本契約を解除した場合には、甲は受領済の金員から違約金として売買代金の[2]割相当額を控除して、残額を無利息にて乙に速やかに返還する。ただし、甲の受領済の金員が違約金に満たない場合には、乙は甲にその差額を直ちに支払わなければならない。

3　第 1 項の規定により甲の債務不履行を理由として乙が本契約を解除した場合には、甲は乙に対しすでに受領済の金員の全額を直ちに返還し、かつこれと同時に違約金として売買代金の[2]割相当額を支払う。

4　第 1 項の規定による契約解除に伴い、発生する損害額が違約金より少ない場合でも、甲乙はいずれも違約金の減額を請求できないものとする。ただし、その損害額が違約金を超過する場合、甲および乙は、当該損害について、違約金を超過する損害額に関し、請求できるものとする。

第 16 条 （反社会的勢力の排除）

1　甲および乙は、それぞれ相手方に対し、次の各号の事項を確約する。

⑴　自らが、暴力団、暴力団関係企業、総会屋もしくはこれらに
準ずる者またはその構成員（以下、総称して「反社会的勢力」
という。）ではないこと

⑵　自らの役員（取締役、執行役、執行役員、監査役またはこれ
らに準ずる者をいう。）が反社会的勢力ではないこと

⑶　反社会的勢力に自己の名義を利用させ、本契約を締結するも
のでないこと

⑷　自らまたは第三者を利用して、本契約に関して次の行為をし
ないこと

　　ア　相手方に対する脅迫的な言動または暴力を用いる行為

　　イ　偽計または威力を用いて相手方の業務を妨害し、または信
用を毀損する行為

2　甲または乙の一方について、次のいずれかに該当した場合には、
その相手方は、何らの催告を要せずにして、この契約を解除する
ことができる。

⑴　前項第1号または第2号の確約に反する表明をしたことが判
明した場合

⑵　前項第3号の確約に反し契約をしたことが判明した場合

⑶　前項第4号の確約に反した行為をした場合

3　前項の規定により本契約が解除された場合には、解除された者
は、その相手方に対し、相手方の被った損害を賠償するものとす
る。

4　第2項の規定により本契約が解除された場合には、解除された
者は、解除により生じる損害について、その相手方に対し一切の
請求を行わない。

第17条（契約不適合責任）

1　乙は、甲に対し、本物件が種類または品質に関して本契約の内
容に適合しないものであるとき（ただし、乙が本契約の内容に適
合しないことを本契約締結前に認識している場合を除く。）は、本

43

第2章　売買契約

物件の修補による履行の追完を請求することができる。ただし、甲は、乙に不相当な負担を課するものでないときは、乙が請求した方法と異なる方法による履行の追完をすることができる。

2　前項に規定する場合において、乙が、相当の期間を定めて履行の追完の催告をし、その期間内に履行の追完がないときは、乙はその不適合の程度に応じて代金の減額を請求することができる。ただし、決済日までに限る。

3　第1項に規定する場合において、乙は、損害賠償の請求または本契約の解除をすることができる。

4　商法第526条は本契約に適用されない。

　または上記第17条の代替として、

第17条（契約不適合責任）

　甲は、民法第562条第1項本文および第565条［適用あれば商法第526条も追記］の定めにかかわらず、本物件の種類または品質（建物基礎、杭、産業廃棄物、地中障害物、土壌汚染、油汚染を含む。）に関して、乙に対し、一切の担保責任を負わない。

第18条（表明保証）

1　甲は、乙に対して、本契約締結日および決済日現在において、別紙2に定める表明保証事項が正確かつ真実であることを表明し、保証する。

2　前項に違反した場合、甲は乙に発生した損害を補償するものとする。

第19条（諸規約の承継）

　甲は、乙に対し、環境の維持または管理の必要上定められた規約等に基づく甲の権利義務を承継させ、乙はこれを承継する。

第20条（合意管轄）

本契約に関する一切の紛争については、○○地方裁判所を第一審の専属的合意管轄裁判所とする。

第21条（協議条項）

甲および乙は、本契約に定めのない事項、または本契約に定める事項もしくは今後合意される事項に関する疑義については、誠意をもって協議の上、これを解決する。

本契約の成立を証するため本書2通を作成し、各自記名押印の上、各1通を保有する。

年　月　日

甲

乙

以上

第2章　売買契約

別紙1

売買の目的物の表示

<table>
<tr><td rowspan="5">本土地</td><td rowspan="4">（登記記録の表示による）</td><td>所　在</td><td>地　番</td><td>地　目</td><td>地　積</td></tr>
<tr><td></td><td></td><td></td><td></td></tr>
<tr><td></td><td></td><td></td><td></td></tr>
<tr><td></td><td></td><td></td><td></td></tr>
<tr><td>合計</td><td></td><td></td><td></td></tr>
<tr><td colspan="2">特記事項</td><td colspan="4"></td></tr>
</table>

<table>
<tr><td rowspan="8">本建物</td><td rowspan="7">（登記記録の表示による）</td><td>所　在</td><td colspan="4"></td></tr>
<tr><td>家屋番号</td><td colspan="4"></td></tr>
<tr><td>種　類</td><td colspan="4"></td></tr>
<tr><td>構　造</td><td colspan="4"></td></tr>
<tr><td>床面積</td><td colspan="4"></td></tr>
<tr><td rowspan="2">附属建物</td><td>符号</td><td>種　類</td><td>構　造</td><td>面　積</td></tr>
<tr><td></td><td></td><td></td><td></td></tr>
<tr><td colspan="2">特記事項</td><td colspan="4"></td></tr>
</table>

<table>
<tr><td>付帯設備</td><td></td></tr>
</table>

<table>
<tr><td rowspan="4">売　買　代　金</td><td rowspan="2">本体</td><td>土　地</td><td>円</td></tr>
<tr><td>建　物</td><td>円</td></tr>
<tr><td colspan="2">消費税額および地方消費税額の合計額</td><td>円</td></tr>
<tr><td colspan="2">総　　額</td><td>円</td></tr>
</table>

<table>
<tr><td rowspan="4">支払方法</td><td rowspan="4">振込指定口座</td><td>金融機関名・支店名</td><td></td></tr>
<tr><td>口座種別・口座番号</td><td></td></tr>
<tr><td>（売主）受取人名義</td><td></td></tr>
<tr><td>受取人名義（ふりがな）</td><td></td></tr>
</table>

46

別紙2

甲による表明保証事項

1 本物件に関して財産権の得喪を生ぜしめる判決、決定、命令または裁判上もしくは裁判外の和解はなく、また本物件に係る訴訟その他の法的手続もしくは行政手続が裁判所もしくは政府機関に係属しておらず、また甲の知る限り係属するおそれもない。

2 本土地について、隣地との境界に関する争いはない。本土地に対する隣地の構造物による不法な侵害は存在しない。本土地には都市計画道路その他都市計画決定のなされた都市施設の敷地は含まれない。また、本土地には土地収用、土地区画整理事業、都市再開発事業その他類似の手続は行われておらず、また甲の知る限りその予定もない。

3 甲の知る限り、本建物は、①建築当時の法令および建築実務慣行に基づき合理的な品質の素材を使用して適法かつ適切に建築されており、その建築年数および構造分類に鑑み、構造上強固であり、②その基礎部分、屋根、外壁ならびに空調設備、電気、水道、エレベーターその他の重要な付帯設備には、本物件の運営および管理に何らかの支障があるような不具合が存在せず、また③耐震性において問題となる不具合はない。

4 本建物については、有効な建築確認が得られ、その建築確認済証に従った建設が行われていることを証する検査済証が得られ、その他本物件については、建築基準法、都市計画法、消防法等の法令に違反した状態は存在しない。

5 甲は、本物件の所有、賃貸、運営、管理に関して締結したすべての契約において、不履行を行っていない。

6 甲が本物件を取得したとき以降、本物件の如何なる部分も産業廃棄物を処理・処分する事業、または特別管理産業廃棄物を排出する事業（ただし、正規の廃棄物処理業者を通じて適法かつ適切に廃棄物を処理している場合は除く。）に利用されたことはなく、

第2章　売買契約

また禁止有害物質または価値減損有害物質の保管、製造、加工または処分のために利用されたことはない。本物件に関し、甲は、政府機関、裁判所または第三者から、環境法令に違反しまたは違反するおそれがある旨の通知または連絡を受けたこともない。ここにいう産業廃棄物とは、廃棄物の処理および清掃に関する法律における定義とする（特別管理産業廃棄物も同様とする。）。また禁止有害物質とは、日本国の法令上、その使用が禁止、制限その他の方法により規制されている物質をいい、価値減損有害物質とは、本物件の所有、使用、改良（建物の改装、改修、改築もしくは取壊しを含むが、これらには限定されない。）、または譲渡が行われる場合に、当該物質に関して日本国の法令上適用ある規制を遵守し、または日本国の法令上負担するおそれのある責任を回避するために、費用、義務または何らかの制限を負うこととなると合理的に予想することのできる物質をいう。

7　甲は、乙に対し、本物件に関するすべての重要な文書（建物または重要な付帯設備に関する書面、建物建設当初の請負契約書および現存するその他の請負契約書、建築確認済証、検査済証、保証書、賃貸借契約書その他を含むが、これらには限定されない。）および情報を提供しており、提供した文書は原本かまたはその真実かつ正確な写しであり、また提供した情報は真実かつ正確である。

<注記>

1　前文について

改正民法では、売主が負う責任が「瑕疵担保責任」から「契約不適合責任」へと変更され、売主は、契約の内容に適合した物の引渡しや権利の供与がなされなかった場合に責任を負うこととなった。

「契約の内容に適合しない」か否かの該当性を判断するに当たっては、

48

当該契約の目的や動機、背景などがその判断要素となり得るため、契約不適合責任を追及する買主の立場からは、契約の目的や動機、背景などを可能な限り詳細に記載することが望ましい。

2　第17条について

瑕疵担保責任については、売買の目的物に「隠れた瑕疵」が存在する場合に認められ、契約締結前に当該瑕疵の存在について買主が悪意・有過失である場合には「隠れた」瑕疵がないものとして扱われ、売主は瑕疵担保責任を負わない。

一方、契約不適合責任については、売買の目的物が「契約の内容に適合しない」場合に認められるため、売買の目的物に「契約の内容に適合しない」事項があることについて買主が悪意・有過失である場合においても、責任を負う可能性があると考えられる（一問一答280頁参照）。

売主が契約締結前に買主に対して説明していた「契約の内容に適合しない」事項については、売主の契約不適合責任は免責されるのが公平であると考えられることから、特に売主の立場としては、契約書上かかる点を明記することが望ましい（第17条第1項かっこ書）。

3　第18条について

改正民法下においては、表明保証条項と契約不適合責任との関係を、契約書上整理して規定しておくことが望ましい。

すなわち、表明保証条項が「契約の内容」を規定していると解すると、表明保証条項の違反が生じた場合には、「契約の内容」の違反が生じたこととなり、したがって契約不適合責任が認められることとなる。その結果、契約不適合責任の内容として、追完請求権（改正民562条1項）、代金減額請求権（改正民563条）、損害賠償請求権（改正民564条、415条）および解除権（改正民564条、541条）が認められることとなる。しかし、表明保証の対象は必ずしも契約の内容に限られず、契約の内容以外についての表明保証がなされることも通常であることから、表明保証条項違反と「契約の内容」の違反は、必ずしも等価ではない。

第2章　売買契約

　したがって、契約不適合責任と表明保証条項違反に基づく責任は、要件・効果が異なる別個独立の請求権であると整理すべきであると考えられ、表明保証条項では、単に特定の事項を表明し、保証するのみならず、違反の効果を併せて規定することが望ましい。

　なお、改正前民法下において、表明保証条項の法的性質は、講学上、債務不履行責任、瑕疵担保責任、または損害担保契約と捉える立場に分かれて、損害担保契約と捉える立場が主流とされていた（奈良輝久ほか編『詳解アライアンス契約の実務と条項』（青林書院、2016年）108頁、藤原総一郎編著『M&Aの契約実務』（中央経済社、2010年）152頁）。第18条についても表明保証条項の法的性質を損害担保契約と捉えた上で、違反の効果を損害の補償と規定している。

　本契約書サンプルでは、売主である甲による表明保証条項の参考例を別紙2に記載している。甲の乙に対する表明保証としては、(i) 甲自身に関する表明保証（設立、権限、手続履践、許認可、倒産事由不存在等）と(ii)不動産に関する表明保証があるが、本契約書サンプルでは(ii)に関する事項のみを記載している。契約当事者や取引の内容によっては、上記(i)に関する事項も表明保証事項に含めることも考えられる。

　また、契約当事者や取引の内容によっては、買主である乙による表明保証を定めることも考えられる。

50

動産売買契約書

　○○（以下「甲」という。）と○○（以下「乙」という。）とは、第1条に定める商品（以下「本商品」という。）に関し、以下のとおり売買契約（以下「本契約」という。）を締結する。

第1条（売買契約の成立）

　甲は以下に定める本商品を乙に売り渡し、乙はこれを買い受けた。

　商品名　○○○

　種　類　○○○

　数　量　○○○

第2条（売買代金）

　本商品の売買代金は、金○○円也とする。

第3条（支払方法）

　乙は、前条に定める売買代金を、○年○月○日限り、甲の指定する銀行口座に振り込む方法により支払う。なお、振込手数料は乙の負担とする。

第4条（引渡し）

1　甲は、○年○月○日［または甲乙が別途合意する日］までに、本商品を乙に引き渡す（以下「本引渡し」という。）。

2　乙は、甲に対し、本引渡しの完了後、受領を証する書面を交付して、本引渡しの確認を行う。

3　甲は、本契約締結後、本引渡しに至るまで、本商品を善良な管理者の注意をもって管理し、本商品の所有名義の変更、占有の移転、担保権または賃借権の設定等、その他現状を変更する一切の行為を行わない。

第2章　売買契約

4　本商品の管理責任は、本引渡し日をもって甲から乙に移転する
　　ものとし、以後乙が自己の責任と負担において本商品を管理する。

第5条（所有権移転の時期）

　本商品の所有権は、乙が本引渡しを受けた時に、甲から乙へ移転
する。

第6条（引渡前の滅失・損傷）

1　本商品の全部または一部が、本引渡し前に天変地異その他不可
　　抗力により滅失または損傷した場合には、その損失は甲の負担と
　　する。

2　本引渡し前に、前項に定める事由によって、本商品が損傷した
　　ときは、甲は、本商品を修復して直ちに乙に引き渡す。この場合、
　　修復によって本引渡しが第4条第1項に定める期日に遅れる場合
　　であっても、乙は、甲に対し、本引渡しの延期について異議を述
　　べることができない。

3　甲は、前項に定める修復が著しく困難なとき、または過大な費
　　用を要するときは、本契約を解除することができるものとする。
　　また、乙は、本商品の損傷により本契約の目的が達せられないと
　　きは、本契約を解除することができる。

4　前項によって、本契約が解除された場合、甲は、乙に対し、受
　　領済の金員を無利息で当該解除の日から遅滞なく返還する。

第7条（契約違反による解除）

1　甲または乙いずれか一方が本契約に定める債務を履行しない場
　　合には、相手方は相当の期間を定め催告の上、本契約を解除する
　　ことができる。

2　前項の規定により甲または乙が相手方当事者の債務不履行を理
　　由として本契約を解除した場合には、当該相手方当事者は債務不
　　履行によって生じた損害を賠償する責めを負う。

第8条（反社会的勢力の排除）

1　甲および乙は、それぞれ相手方に対し、次の各号の事項を確約する。

　⑴　自らが、暴力団、暴力団関係企業、総会屋もしくはこれらに準ずる者またはその構成員（以下、総称して「反社会的勢力」という。）ではないこと

　⑵　自らの役員（取締役、執行役、執行役員、監査役またはこれらに準ずる者をいう。）が反社会的勢力ではないこと

　⑶　反社会的勢力に自己の名義を利用させ、本契約を締結するものでないこと

　⑷　自らまたは第三者を利用して、本契約に関して次の行為をしないこと

　　ア　相手方に対する脅迫的な言動または暴力を用いる行為

　　イ　偽計または威力を用いて相手方の業務を妨害し、または信用を毀損する行為

2　甲または乙の一方について、次のいずれかに該当した場合には、その相手方は、何らの催告を要せずにして、この契約を解除することができる。

　⑴　前項第1号または第2号の確約に反する表明をしたことが判明した場合

　⑵　前項第3号の確約に反し契約をしたことが判明した場合

　⑶　前項第4号の確約に反した行為をした場合

3　前項の規定により本契約が解除された場合には、解除された者は、その相手方に対し、相手方の被った損害を賠償するものとする。

4　第2項の規定により本契約が解除された場合には、解除された者は、解除により生じる損害について、その相手方に対し一切の請求を行わない。

第2章　売買契約

第9条（契約不適合責任）

1　乙は、甲に対し、本商品が種類または品質に関して本契約の内容に適合しないものであるとき（ただし、乙が本契約の内容に適合しないことを本契約締結前に認識している場合を除く。）は、本商品の修補による履行の追完を請求することができる。ただし、甲は、乙に不相当な負担を課するものでないときは、乙が請求した方法と異なる方法による履行の追完をすることができる。

2　前項に規定する場合において、乙が、相当の期間を定めて履行の追完の催告をし、その期間内に履行の追完がないときは、乙はその不適合の程度に応じて代金の減額を請求することができる。

3　第1項に規定する場合において、乙は、損害賠償の請求または本契約の解除をすることができる。

4　商法第526条は本契約に適用されない。

　　または上記第9条の代替として、以下の2案が考えられる。

第9条（契約不適合責任）
　　甲は、民法第562条第1項本文および第565条［適用あれば商法第526条も追記］の定めにかかわらず、本商品の種類または品質に関して、乙に対し、一切の担保責任を負わない。

第9条（契約不適合責任）
1　乙は、甲より本商品を受領後、○日以内に、予め甲と協議し合意の上定められた検査方法により速やかに検査を行い、書面をもって検査の合否を甲に通知しなければならない。
2　甲は、前項の通知により、不合格または数量不足が判明した本商品について、遅滞なく代替品の納入または追加納入を行う。検査の判定基準に関し疑義が生じた場合、甲乙間で協議を行うものとする。

54

3 甲が納入した本商品の全部または一部の種類または品質に関して本契約の内容に適合しないものであるとき（ただし、乙が本契約の内容に適合しないことを本契約締結前に認識している場合を除く。）は、第1項の受入検査後6か月以内に限り、乙から甲に対し、本商品の修補による履行の追完を請求することができる。ただし、甲は、乙に不相当な負担を課するものでないときは、乙が請求した方法と異なる方法による履行の追完をすることができる。

4 乙が第1項の通知を所定期間内になさないときは、乙は甲に対し、引渡しを受けた本商品について、法的構成の如何を問わず何らの異議ないし請求をすることができない。

第10条（事務処理に必要な費用の負担）

本契約の締結に要した費用は、本契約に別段の定めがない限り、甲乙それぞれが平等に負担する。

第11条（合意管轄）

本契約に関する一切の紛争については、○○地方裁判所を第一審の専属的合意管轄裁判所とする。

第12条（協議条項）

甲および乙は、本契約に定めのない事項、または本契約に定める事項もしくは今後合意される事項に関する疑義については、誠意をもって協議の上、これを解決する。

本契約の成立を証するため本書2通を作成し、各自記名押印の上、各1通を保有する。

第2章　売買契約

```
        年　月　日
                甲

                乙
                                        以上
```


<注記>

1　本契約書について

　本契約書では、一般的な動産売買において規定すべき事項を定めているが、本契約書の規定内容については、動産の種類に応じて種々考えられることから、動産の種類に応じて、条項の追加または修正が必要である。

2　第7条について

　第7条について第2項以下に損害賠償額の予定として以下のような条項を定めることも考えられる。

> 2　前項の規定により乙の債務不履行を理由として甲が本契約を解除した場合には、甲は受領済の金員から違約金として売買代金の〇割相当額を控除して、残額を無利息にて乙に速やかに返還する。ただし、甲の受領済の金員が違約金に満たない場合には、乙は甲にその差額を直ちに支払わなければならない。
> 3　第1項の規定により甲の債務不履行を理由として乙が本契約を解除した場合には、甲は乙に対しすでに受領済の金員の全額を直ちに返還し、かつこれと同時に違約金として売買代金の〇割相当額を支払う。
> 4　第1項の規定による契約解除に伴い、発生する損害額が違約金より少ない場合でも、甲乙はいずれも違約金の減額を請求できな

いものとする。ただし、その損害額が違約金を超過する場合、甲
および乙は、当該損害について、違約金を超過する損害額に関し、
請求できるものとする。

第3章

賃貸借契約

第3章　賃貸借契約

1　改正の概要

　本章では、賃貸借契約に関する事項について解説する。改正民法では、(ⅰ)賃貸借契約の成立（賃貸借の意義、賃貸借の存続期間）、(ⅱ)賃貸借契約における賃貸人および賃借人の地位（修繕義務、賃料の減額等）、(ⅲ)賃貸借契約と第三者（不動産賃借権の対抗力、賃貸不動産の譲渡と賃貸人たる地位の移転、合意による賃貸人たる地位の留保、費用償還債務・敷金返還債務の承継、賃借権に基づく妨害排除・返還請求、転貸借における転借人の保護）、(ⅳ)賃貸借契約の終了（賃貸借の終了事由、賃貸借の解除の効力、賃貸借終了時の処理、敷金）の各場面において、種々の改正が行われた。

　以下、概要を説明するとともに、民法改正に対応した実務上の留意点を紹介する。

2　賃貸借契約の成立

(1)　賃貸借の意義

①　改正前民法

　賃貸借の冒頭規定である改正前民法 601 条は、賃借人の債務の内容として、賃料を支払うことのみを定めていた。

　しかし、賃料を支払うことのほか、賃貸借契約終了後に目的物を返還することも、賃借人の基本的な債務の 1 つであり、賃貸借を特徴付けている重要な要素である。それにもかかわらず、同様の特徴を有する消費貸借（民 587 条）や使用貸借（改正前民 593 条）と異なり、賃貸借の冒頭規定には契約終了後に目的物を返還することが明記されていなかった。

②　改正民法

　改正民法は、賃貸借の冒頭規定において、「賃貸借は、当事者の一方がある物の使用及び収益を相手方にさせることを約し、相手方がこれに対してその賃料を支払うこと及び引渡しを受けた物を契約が終了したときに返還することを約することによって」成立する契約である旨を定めた（改正民 601 条）。すなわち、賃貸借を成立させるための合意の内容として、賃借人が、賃料の支払に加え、契約終了後に目的物を返還することを約することが必要である旨が明記された。

61

第3章　賃貸借契約

(2)　賃貸借の存続期間

①　改正前民法

　改正前民法は、賃貸借の存続期間の上限として20年を定めていた（改正前民604条）。

　また、短期賃貸借に関して、改正前民法は、(i)「処分につき行為能力の制限を受けた者」、または、(ii)「処分の権限を有しない者」は、短期賃貸借しかすることができないとされていた（改正前民602条柱書）。

　さらに、改正前民法においては、改正前民法602条各号に定める期間を超える賃貸借契約を締結した場合の取扱いについて、明文の規定がなかった。

②　改正民法

　まず、改正民法は次の理由から賃貸借の存続期間の上限を50年とした（改正民604条）。(i)現代社会においては、技術の進歩により、長期間にわたる賃借物の維持・メンテナンス等が可能になり、大型プロジェクトにおける重機やプラント等、地上権や永小作権を利用することができない目的物について、（改正前民法における賃貸借の存続期間の上限である）20年を超える利用契約を締結するニーズが生じている。また、(ii)土地の利用関係の設定についても、実際には地上権や永小作権はそれほど用いられておらず、賃貸借が多く用いられているが、現代社会においては、土地賃借人の保護等の観点から、20年を超える存続期間を定める必要性が高い場合がある。たとえば、借地借家法が適用されないゴルフ場の敷地や太陽光発電

62

パネル設置のための土地の利用関係等では、20年を超える賃貸借のニーズがある。このように賃貸借の存続期間の上限を20年とする改正前民法の規定は、現代社会における経済活動を制約するものとなっていた（部会資料69A・44頁）。他方で、(iii) 賃貸借の存続期間を無制限とすると、長期にわたる賃貸借が目的物の所有権にとって過度な負担となる等の弊害が生ずることが懸念される（部会資料83-2・44～45頁）。そこで、改正民法は、賃貸借の存続期間の上限を20年から50年に延長することとした（改正民604条）。

また、短期賃貸借に関して、改正民法では、短期賃貸借しか行えない者に関して、(i)「処分につき行為能力の制限を受けた者」に関する記載が削除された（改正民602条柱書前段）。これは、改正前民法における(i)の記載は、未成年者や成年被後見人であっても短期賃貸借ならば単独で有効にすることができるとの誤解等を生じさせかねないものであったためである（部会資料69A・42～43頁）。

さらに、改正民法では、改正民法602条各号に定める期間を超える部分のみが無効になるという改正前民法下の一般的な理解が明文化された（改正民602条柱書後段）（部会資料69A・43頁）。

(3) 実務上の留意点

以上のとおり、賃貸借の意義（上記(1)）および短期賃貸借（上記(2)）に関する改正点は、改正前民法下の通説的な考え方を明文化するものにすぎない。賃貸借契約の成立の場面において、実務上、特に影響があるのは、存続期間の上限（上記(2)）に関する改正である。当該改正により、現代社会のニーズに合った柔軟な賃貸借が可能になったといえよう。

なお、改正前民法下においても、特別法である借地借家法により、

第3章　賃貸借契約

建物の所有を目的とする土地の賃借権については、存続期間が30年または当事者が合意するこれよりも長い期間とされており（同法3条、9条）、建物の賃貸借についても、賃借人保護の見地から、改正前民法604条の規定の適用が除外され（借地借家法29条2項）、賃貸借の存続期間の上限を設けないこととされている。そのため、借地借家法の適用される土地および建物といった賃貸借契約のうち社会経済上重要な賃貸借契約については、存続期間の上限に関する改正の影響を特段受けない。

3　賃貸借契約における賃貸人および賃借人の地位

(1)　修繕義務

①　賃貸人による修繕

ア　改正前民法

賃貸借契約においては、賃貸人が賃貸物の使用および収益に必要な修繕をする義務を負うのが原則である（改正前民606条1項）。

イ　改正民法

改正民法においても、賃貸人が賃貸物の使用および収益に必要な修繕をする義務を負うという原則に変更はない（改正民606条1項）。

もっとも、改正民法においては、賃借人の責めに帰すべき事由に

64

よって修繕が必要になったときは賃貸人に修繕義務がないことが明記された（改正民606条1項ただし書）。

上記の改正は、(i)賃借人の責めに帰すべき事由によって修繕が必要になった場合には、公平の観点から、賃貸人に修繕義務を負わせるべきではないこと、および、(ii)賃借人の責めに帰すべき事由がある場合には、賃料が減額されず（民611条1項）、賃借人は原状回復義務を負うこと（改正民621条）との平仄を合わせることを目的とするものである（部会資料69A・54頁）。もっとも、これは改正前民法下の通説の明文化にすぎないと解されている（潮見299頁）。

② 賃借人による修繕

ア 改正前民法

改正前民法では、賃貸人が修繕をしない場合には、賃借人は修繕権限を有すると解されていたが（部会資料69A・54頁）、賃借人の修繕権限に関する明文の規定はなく、必要費の償還請求権を認める規定（民608条1項）が存在するのみであった。

イ 改正民法

改正民法においては、賃借人の使用収益権を確保するため、(i)賃借人が賃貸人に修繕が必要である旨を通知し、または賃貸人がその旨を知ったにもかかわらず、賃貸人が相当の期間内に必要な修繕をしないとき、および、(ii)急迫の事情があるときには、例外的に賃借人が修繕できることが明記された（改正民607条の2）。

賃借物の修繕は、他人の所有権への干渉という性質を持つため、本来は、処分権限を有する所有者（多くは賃貸人）のみが行うことができるものであるが、改正民法では、上記のとおり、例外的に賃借人が修繕を行うことができる事由が明文化された。

65

第3章　賃貸借契約

(2)　賃料の減額等

①　減収による賃料の減額等

ア　改正前民法

　改正前民法においては、「収益を目的とする土地」の賃貸借に関し、賃借人が不可抗力によって賃料より少ない収益しか得られなかった場合は、その収益の額まで、賃料の減額を請求することができ（改正前民609条）、この状態が2年以上続いたときは、賃貸借契約を解除することができる（民610条）とされていた。改正前民法下の規定は、(i)賃借物を賃借して収益を得ることができるかどうかは、賃借物から収益活動を行う者が自らの行動に伴うリスクとして負担するのが基本であるにもかかわらず、賃貸人にリスクを負担させている点（潮見300～301頁）、および、(ii)農地法20条や借地借家法11条と異なり、経済事情の変動、近傍類似の土地の地代等を考慮せず、賃借物からの収益のみを問題としている点（部会資料69A・55頁）で、そもそも不合理なものであるとの批判があった。

イ　改正民法

　改正民法においては、この規律の対象が「耕作又は牧畜を目的とする土地」の賃貸借に限定された（改正民609条、610条）。

　これは、上記ア記載の経緯により改正前民法609条、610条の規定の削除も検討されていたところ、農地法2条1項に規定する農地および採草放牧地の賃借人を保護する観点から、「耕作又は牧畜を目的とする土地」の賃貸借に限定して改正前民法609条および610条の規定が維持されることとなったものである（部会資料84-3・16頁）。

66

3 賃貸借契約における賃貸人および賃借人の地位

② 賃借物の一部滅失等による賃料の減額等

ア 改正前民法

改正前民法は、賃借物の一部が賃借人の過失によらないで「滅失」した場合に限り、その割合に応じて賃料の減額を請求することができるとされていた（改正前民611条1項）。また、改正前民法は、賃借人の過失なく滅失した場合に限り、残存する部分のみでは賃貸借の目的を達成することができなくなったことを理由とする解除を認めていた（同条2項）。

イ 改正民法

改正民法においては、賃借人の責めに帰すべき事由によらないで賃借物の一部が滅失その他の事由により「使用及び収益をすることができなくなった場合」には、賃料がその割合に応じて当然に減額されることとなった（改正民611条1項）。

上記の改正は、賃料は、賃借人が賃借物の使用および収益をすることができる状態に置かれたことの対価として日々発生するものであるため、賃借物の一部滅失等によってその一部の使用および収益が不可能になったときは、賃料もその一部の割合に応じて当然に発生しないと考えるべきであるという考え方に基づくものである（部会資料69A・56頁）。

また、改正民法においては、賃借人の責めに帰すべき事由の有無に関係なく、賃借物の一部が滅失その他の事由により「使用及び収益をすることができなくなった場合」において、残存する部分のみでは賃貸借の目的を達成することができなくなったことを理由とする解除が認められることとなった（改正民611条2項）。

上記の改正は、賃借人の責めに帰すべき事由がある場合であって

67

第3章　賃貸借契約

も、賃借人が賃貸借の目的を達することができない以上、賃借人による解除を認めるのが相当であるという考え方に基づくものである（部会資料69A・56頁）。

なお、賃借人の責めに帰すべき事由により、賃貸人が損害を被った場合は、賃借人に対する損害賠償請求等によって対処することになる（部会資料69A・57頁）。

(3)　実務上の留意点

まず、賃貸人の修繕義務に関する改正点（上記(1)）については、改正前民法下の通説の明文化にとどまることから、従前の実務に大きな影響は生じないものと考えられる。

次に、減収による賃料の減額等に関する改正点（上記(2)①）であるが、(i)主に農地賃貸借（小作）に関して、凶作の場合に小作料の減額を認める趣旨で設けられた規定であること（改正前民609条ただし書参照、我妻榮ほか『我妻・有泉コンメンタール民法〔第4版〕——総則・物権・債権』（日本評論社、2016年）1147頁）、および、(ii)特別法である農地法に賃料の増額または減額の請求に関する規定があること（農地法20条）から、これらの規定は実質的にその機能を失っていると指摘されていた（部会資料69A・55頁）。したがって、この改正による従前の実務への影響は小さいものと考えられる。

最後に、賃借物の一部滅失等による賃料の減額等に関する改正点（上記(2)②）については、(i)賃借人の責めに帰すべき事由によらないで賃借物の使用および収益をすることができなくなった場合に賃料が減額されるのはいわば当然であること（改正前民536条1項参照）、(ii)賃料の減額の請求があった場合に、その時以後の賃料が減額されるか、あるいは、遡って目的物が滅失した当時から減額され

68

るかについては、遡って目的物が滅失した当時からの減額を認める
べきであるというのが改正前民法下の通説であり（我妻ほか・前掲
1148頁）、その効果は当然に減額されるのと同様であったことから
すると、法律上、大きな変化はないといい得る（一問一答322頁）。
もっとも、賃借人の請求という行為を要しないこととなったため、
場合によっては、賃貸人から賃料の減額を自発的に申し出て、法律
上当然に発生した賃料減額の効果に沿った対応を行う方が、法律関
係の早期安定化の観点からは望ましい場合があると考えられ、実務
上は、慎重な対応を要することとなると思われる。また、「賃借物
の一部が滅失その他の事由により使用及び収益をすることができな
くなった場合」の認定については今後の解釈や司法判断の蓄積を待
つことになろう。

4 賃貸借契約と第三者

(1) 不動産賃借権の対抗力

① 改正前民法

改正前民法では、不動産賃借権を登記したときは、「その後その
不動産について物権を取得した者に対しても、その効力を生ずる」
とされていた（改正前民605条）。

第3章　賃貸借契約

②　改正民法

改正民法では、不動産賃借権を登記したときは、「その不動産について物権を取得した者その他の第三者に対抗することができる」との文言に改められた（改正民605条）。

改正民法において「その後」という文言が削除された趣旨は、不動産の賃借権の対抗関係は、対抗要件具備の先後によって決せられるものであり、不動産賃借権取得の前に登場した者も含まれるという判例との整合性をとったことにある（部会資料69A・45〜46頁）。また、「その他の第三者」が追加された趣旨は、改正前民法下の通説に従い、不動産を二重に賃借した者や不動産を差し押さえた者も含まれるように規定したことにある。

(2)　賃貸不動産の譲渡と賃貸人たる地位の移転

①　改正前民法

改正前民法では、賃貸不動産が譲渡された場合の賃貸人たる地位の移転について明文の定めがなかった。

②　改正民法

改正民法では、賃貸不動産が譲渡された場合、当該賃貸借につき対抗要件が具備されていれば、その賃貸人たる地位が譲受人に移転する旨（改正民605条の2第1項）が規定された。また、賃貸不動産の譲渡に際して、その賃貸人たる地位は、賃借人の承諾を要さずに、譲渡人と譲受人との合意により、譲受人に移転させることができる旨が規定された（改正民605条の3前段）。そして、これら賃貸人た

る地位の移転を賃借人に対抗するためには、所有権移転登記が必要となる（改正民605条の2第3項、605条の3後段が準用する改正民605条の2第3項）。

これらの改正は、いずれも改正前民法下の判例法理（大判大正10・5・30民録27輯1013頁、最判昭和46・4・23民集25巻3号388頁、最判昭和49・3・19民集28巻2号325頁）が明文化されたものである。

(3) 合意による賃貸人たる地位の留保

① 改正前民法

改正前民法では、合意による賃貸人たる地位の留保に関して明文の定めはなかった。改正前民法下の判例（最判平成11・3・25集民192号607頁）では、賃貸不動産の譲渡の際に、譲受人が賃借権の対抗を受けるときは、「特段の事情」がない限り、賃貸人の地位は譲受人に当然に承継されることを前提とした上で、譲渡人と譲受人との間での、賃貸人の地位を留保する旨の合意があるだけでは、かかる「特段の事情」には当たらないとされていた。そのため、賃貸不動産の信託譲渡の場合など、賃貸人の地位を譲渡人（信託における委託者）に留保する必要性がある場合には、実務上、全賃借人から合意を取得することが行われており、非常に煩雑な手続が必要となっていた（部会資料69A・46〜47頁）。

② 改正民法

改正民法では、605条の2第1項の規定にかかわらず、不動産の譲渡人と譲受人との間で、賃貸人たる地位を譲渡人に留保する旨およびその不動産を譲受人が譲渡人に賃貸する旨の合意をしたときは、

第3章　賃貸借契約

賃貸人たる地位は、譲受人に移転しないこととされた上（同条2項前段）、譲渡人と譲受人（またはその承継人）との間の賃貸借が終了したときには、譲渡人に留保されていた賃貸人たる地位は、譲受人（またはその承継人）に移転する旨の規定が新設された（同項後段）。この賃貸借終了時における賃貸人たる地位の移転についても、賃貸物である不動産につき所有権移転登記をしなければ、賃借人に対抗することができないとされた（改正民605条の2第3項）。

(4)　費用償還債務・敷金返還債務の承継

①　改正前民法

改正前民法では、賃貸人たる地位の移転における費用償還債務および敷金返還債務の承継関係に関する明文の定めがなかった。

②　改正民法

改正民法では、上記(2)または(3)記載の賃貸人たる地位の譲受人（またはその承継人）への移転の際には、費用償還債務（民608条）および敷金返還債務（改正民622条の2第1項）は、譲受人（またはその承継人）が承継することが規定された（改正民605条の2第4項、605条の3後段）。

敷金返還債務の承継に関する条項は改正前民法下の判例法理を明文化するものであり、費用償還債務に関する条項は、もともと賃貸借契約終了時の賃貸人が償還義務を負うとの帰結が導かれるところ（民608条2項、196条2項）、これを明文化するものであり、当該規定に特別の意味はないとされる（潮見297頁）。

⑸ 賃借権に基づく妨害排除・返還請求

① 改正前民法

改正前民法においては、不動産賃借権に基づく妨害排除請求権および返還請求権に関する明文の規定はなかった。

② 改正民法

改正民法においては、改正前民法下の判例法理（最判昭和28・12・18民集7巻12号1515頁）に従い、対抗要件を備えた不動産賃借人が、不動産賃借権に基づく妨害排除請求権および返還請求権を有することが明文化された（改正民605条の4）。なお、不動産賃借権に基づく妨害予防請求権についてはこれを認める判例がない上、債権である賃借権に基づいて物権的な請求権が認められるのはあくまで例外的なものであることから、改正民法においては規定されなかった（部会資料69A・51頁）。

なお、本条の規定は、改正民法施行日前に不動産の賃貸借契約が締結された場合において施行日以後にその不動産の占有を第三者が妨害し、またはその不動産を第三者が占有しているときにも適用される（附則34条3項）。

⑹ 転貸借における転借人の保護

① 改正前民法

改正前民法では、転貸借における転借人は、賃貸人に対して直接

第3章　賃貸借契約

義務を負うことのみが規定されていたが（改正前民613条1項）、賃貸人と転借人との間の法律関係が明らかでなかった。

②　改正民法

改正民法では、転借人が賃貸人に対して直接負う義務の範囲が、賃貸人と賃借人（転貸人）との間の賃貸借に基づく賃借人の債務の範囲に限定されることが明記された（改正民613条1項）。

また、改正民法では、賃貸人と賃借人（転貸人）が賃貸借契約を合意解除しても、このことをもって転借人に対抗することができないが（改正民613条3項本文）、その解除の当時、賃貸人が賃借人の債務不履行による解除権を有していた場合には対抗することができる旨が規定された（同項ただし書）。これらはいずれも改正前民法下の判例法理（大判昭和9・3・7民集13巻278頁、最判昭和62・3・24判時1258号61頁）が明文化されたものである。

(7)　実務上の留意点

改正民法により、賃貸不動産を譲渡する場合であって賃貸人の地位を譲渡人に留保する際には、譲渡人および譲受人間で合意すれば足り、全賃借人から個別の同意を取得する必要はなくなり、事務負担の軽減が期待できる（上記(3)②）。

それ以外の上記改正点については、いずれも判例法理や通説の明文化にすぎないことから、従前の実務に大きな影響は生じないものと考えられる。

74

5 賃貸借契約の終了

(1) 賃貸借の終了事由

① 改正前民法

改正前民法では、期間満了による賃貸借の終了に関して「借主は、契約に定めた時期に、借用物の返還をしなければならない」と定められていた（改正前民616条が準用する597条1項）。また、改正前民法では、賃借物の全部が滅失その他の事由により使用および収益をすることができなくなった場合に関する規律が明文化されていなかった。

② 改正民法

改正民法では、賃貸借期間を定めたときは、当該期間の満了により賃貸借は終了すると再構成された（改正民622条が準用する597条1項）。また、改正前民法下の判例法理を明文化し、賃借物の全部が滅失その他の事由により使用および収益をすることができなくなった場合には、賃貸借は、これによって終了する旨が新たに規定された（改正民616条の2）。

第 3 章　賃貸借契約

⑵　賃貸借の解除の効力

①　改正前民法

　賃貸借契約の解除の効力は、将来に向かってのみその効力を生じるところ（民 620 条前段）、この場合、損害賠償請求は妨げられない。この点、改正前民法では損害賠償請求の要件として「当事者の一方に過失があったとき」と規定されていた（改正前民 620 条後段）。

②　改正民法

　改正民法では損害賠償請求の要件として「当事者の一方に過失があったとき」の文言が削除された（改正民 620 条後段）。
　この改正の趣旨は、損害賠償の成否や免責事由については、債務不履行の一般規定（改正民 415 条 1 項）によって処理することを明らかにすることにある。

⑶　賃貸借終了時の処理

①　改正前民法

　改正前民法では、賃貸借終了時の処理として賃借人の原状回復義務の定めはなかった。また、賃貸借終了時の処理として賃借人の収去権のみ規定されていたが（改正前民 616 条が準用する 598 条）、賃借人の収去義務に関する規定はなかった。

76

② 改正民法

　改正民法では、借主（賃借人）が、借用物を受け取った後にこれに附属させたものがある場合において、賃貸借が終了した場合には、借主は原則としてその収去義務を負うが（改正民622条が準用する599条1項本文）、借用物から分離することができない物や分離に過分の費用を要する物については除かれる（同項ただし書）旨が明文化されるとともに、借主は、借用物を受け取った後に附属させた物を収去することができる旨が個別に規定された（同条2項）。

　また、改正民法では、賃借物受取り後に生じた「損傷」につき、賃貸借終了時に、原則として賃借人が原状回復義務を負うとした上で、改正前民法下の判例法理に従い、「通常の使用及び収益によって生じた賃借物の損耗」および「賃借物の経年変化」については、原状回復義務の対象となる「損傷」から除外した（改正民621条本文）。さらに、その「損傷」が、賃借人の責めに帰することができない事由によるものであるときについて、改正前民法下では明文規定がなかったところ、改正民法においては、賃借人は原状回復義務を負わないと明文化された（同条ただし書）。なお、これらは任意規定であり、改正前民法と同様に、賃貸借終了時の賃借人による原状回復義務の内容等を賃貸人と賃借人間で定めることは可能である（ただし、原状回復に関する目的物の所在地における条例等の定めの適用がないかは別途確認し、遵守すべきであろう）。

　さらに民法は、民法改正の前後を問わず、契約の本旨に反する使用または収益によって生じた損害の賠償および借主が支出した費用の償還は、貸主（賃貸人）が返還を受けた時から1年以内に請求しなければならないと定めている（改正前民600条、改正民600条1項参照）。もっとも、改正民法では、この損害賠償請求権につき、貸

第3章　賃貸借契約

主が返還を受けた時から1年を経過するまでの間、時効は完成しない旨の規定が新設された（改正民600条2項）。

　かかる改正の趣旨は、借主が用法違反をしたときから10年を経過してもなお、賃貸借契約が存続している中で消滅時効が完成してしまうことがあるところ、貸主は目的物の状況を把握することが困難なため、貸主が借主の用法違反の事実を知らない間に消滅時効が進行し、貸主が目的物の返還を受けたときにはすでに消滅時効が完成しているといった不都合を解消することである（部会資料69A・64頁）。

(4)　敷　金

①　改正前民法

　改正前民法では、敷金に関する規律を定めた明文の定めがなかった。

②　改正民法

　改正民法では、敷金に関する規定（改正民622条の2）が新設された。同条1項では、敷金を「いかなる名目によるかを問わず、賃料債務その他の賃貸借に基づいて生ずる賃借人の賃貸人に対する金銭の給付を目的とする債務を担保する目的で、賃借人が賃貸人に交付する金銭」と定義した上、①賃貸借が終了し、かつ、賃貸物の返還を受けたとき（同項1号）、または②賃借人が適法に賃借権を譲り渡したとき（同項2号）には、賃貸人は、賃借人に対して、未払賃料、損害賠償等の額を控除した残額を返還しなければならないとしている。

78

また、改正民法 622 条の 2 第 2 項は、敷金による債務への充当をすることができるのは、賃貸人のみであり、賃借人から充当を請求することはできないことを規定している。

これらの改正は、改正前民法下の判例法理および通説が明文化されたものである。

(5)　実務上の留意点

上記改正点は、概ね判例法理や通説の明文化にすぎないことから、従前の実務に大きな影響は生じないものと考えられる。

ただし、借主の用法違反に関する損害賠償請求につき、損害賠償請求権の発生時期にかかわらず、賃借物の返還を受けてから 1 年間は行使することができるようになったことから、賃貸人においては、賃借物の返還を受けた際には、用法違反の有無を確認し、損害賠償請求の要否を検討することがより重要になるものと思われる。

第3章　賃貸借契約

＜契約書サンプル＞

　以下では、建物賃貸借契約書と定期建物賃貸借契約書について、改正民法下における契約書サンプルを掲載する。

建物賃貸借契約書

　賃貸人〇〇（以下「甲」という。）、賃借人〇〇（以下「乙」という。）および連帯保証人〇〇は、別紙目録1記載の建物における同2記載の物件（以下「本物件」という。）について、次のとおり建物賃貸借契約（以下「本契約」という。）を締結する。

第1条（賃貸借）
　甲は、乙に対し、本契約の各条項に基づき本物件を賃貸し、乙はこれを賃借する。

第2条（賃貸借期間および更新）
1　賃貸借の期間は、〇年〇月〇日から〇年〇月〇日までの［2年］間とする。
2　前項の賃貸借期間は、当事者の一方が相手方に対して期間満了の［6か月］前までに書面にて更新しない旨の通知をした場合を除き、［2年］間更新され、以後も同様とする。かかる更新がなされた場合、乙は、甲に対し、直ちに当該更新前の最終賃料の1か月分を更新料として支払う。

第3条（使用目的）
　乙は、本物件を〇〇店舗として使用し、他の用途に使用してはならない。

第4条（賃料）

1　賃料は月額金○○円とし、乙は、甲に対し、毎月○○日（初回分のみ賃貸借開始日とする。）までに翌月分の賃料を甲が別途指定する銀行口座に振込送金する方法により支払う。なお、当該振込送金に係る手数料は乙の負担とし、1か月に満たない期間の賃料は、その月の日数による日割計算とする（1円未満の端数は切り捨てる。）。

2　甲および乙は、次の各号の一に該当する場合には、協議の上、前項の賃料を改定することができる。

⑴　土地または建物に対する租税その他の負担の増減により賃料が不相当となった場合

⑵　土地または建物の価格の上昇または低下その他の経済事情の変動により賃料が不相当となった場合

⑶　近傍同種の建物の賃料に比較して賃料が不相当となった場合

第5条（共益費）

1　乙は、階段、廊下等の共用部分の維持管理に必要な光熱費、上下水道使用料、清掃費等（以下この条において「維持管理費」という。）に充てるため、甲に対し、前条の賃料とともに、共益費として月額金○○円を甲が別途指定する銀行口座に振込送金する方法により支払う。なお、当該振込送金に係る手数料は乙の負担とし、1か月に満たない期間の共益費は、その月の日数による日割計算とする（1円未満の端数は切り捨てる。）。

2　甲および乙は、維持管理費の増減により共益費が不相当となった場合には、協議の上、前項の共益費を改定することができる。

第6条（消費税・地方消費税）

　乙は、甲に対して支払う賃料、共益費、その他の債務に賦課される消費税および地方消費税（共に支払日現在の消費税率による。）を別途負担するものとし、その支払方法は賃料および共益費に準ずる。

第3章　賃貸借契約

第7条（敷金）

1　乙は、本契約に基づき乙が甲に対して負担する一切の債務を担保するため、本契約締結日に、敷金として賃料の〇か月分に相当する金〇〇円を甲に預託する。なお、この敷金には利息を付さない。

2　賃料の増額があった場合、乙は、直ちに増額された賃料の〇か月相当額に満つるまで敷金の差額を預託しなければならない。

3　乙は、本物件を明け渡すまでの間、敷金をもって賃料、共益費、その他本契約に基づく乙の債務と相殺することができない。

4　甲は、乙に本契約に基づく債務の不履行があったときは、任意に敷金の全部または一部を当該不履行債務に充当できる。この場合、乙は、甲の請求に基づき、直ちに充当により生じた第1項所定の敷金額の不足分を甲に預託しなければならない。

5　本契約が終了し、乙が第14条第1項に基づき本物件を原状に回復して甲に返還したとき（ただし、乙の故意または過失によらず本物件の全部が滅失し、第13条第1項第5号に基づき本契約が終了した場合は、単に本契約が終了したときとする。）は、甲は、敷金を本契約に基づく乙の未払債務の弁済に充当し、その残額を乙に返還する。

6　乙は、敷金の返還請求権を第三者に譲渡し、または担保に供してはならない。

第8条（反社会的勢力の排除）

1　甲および乙は、それぞれ相手方に対し、次の各号の事項を確約する。

⑴　自らが、暴力団、暴力団関係企業、総会屋もしくはこれらに準ずる者またはその構成員（以下、総称して「反社会的勢力」という。）ではないこと

⑵　自らの役員（業務を執行する社員、取締役、執行役またはこれらに準ずる者をいう。）が反社会的勢力ではないこと

(3) 反社会的勢力に自己の名義を利用させ、本契約を締結するものでないこと

(4) 自らまたは第三者を利用して、次の行為をしないこと

　ア　相手方に対する脅迫的な言動または暴力を用いる行為

　イ　偽計または威力を用いて相手方の業務を妨害し、または信用を毀損する行為

2　甲または乙が、前項の確約に違反した場合、その相手方は、何らの催告を要しないで本契約を解除することができる（以下この条において、かかる解除権を有する当事者を「解除当事者」といい、前項の確約に違反した当事者を「違反当事者」という。）。

3　解除当事者が前項に基づき本契約を解除した場合、違反当事者は、解除当事者に対し、当該解除により解除当事者の被った一切の損害を賠償する。

4　解除当事者が第2項に基づき本契約を解除した場合、解除当事者は、当該解除により違反当事者の被った一切の損害を賠償する責任を負わない。

第9条（修繕等）

1　乙は、本物件および甲所有の造作設備につき保全または修繕を要する箇所が生じたときは、速やかにその旨を甲に通知し、甲は遅滞なくこれに適切に対応する。ただし、乙の故意または過失により保全または修繕を要する場合は、これに要する費用は乙の負担とする。

2　前項に基づく保全または修繕のために甲が必要な措置を行う場合、甲は事前にその旨を乙に通知する。この場合、乙は、正当な理由がある場合を除き、当該措置の実施を拒否することができない。

第10条（増改築等）

乙が、本物件の増改築、内装の変更、模様替え、新たな造作・設

第3章　賃貸借契約

備の設置等を行う場合は、事前に甲に説明の上、甲の書面による承
諾を得なければならない。なお、これらに関する費用はすべて乙の
負担とする。

第11条（賃借権の譲渡、転貸借の制限）

1　乙は、甲の書面による承諾を得ることなく、本物件に係る賃借
　権の全部または一部を譲渡し、または担保に供してはならない。

2　乙は、甲の書面による承諾を得ることなく、本物件の全部また
　は一部を転貸（使用貸借、その他これに準ずる一切の行為を含
　む。）してはならない。

第12条（中途解約）

1　乙は、甲に対し、○か月以上前に書面で解約の申入れを行うこ
　とにより、本契約を解約することができる。

2　前項にかかわらず、本物件の一部が滅失その他の事由により使
　用および収益をすることができなくなった場合において、残存す
　る部分のみでは第3条の目的を達することができないときは、乙
　は直ちに本契約を解約することができる。

第13条（本契約の終了および解除）

1　本契約は、次の各号に定める場合に終了する。

　(1)　甲および乙が、書面で本契約の終了につき合意した場合

　(2)　第2条の賃貸借期間が満了した場合

　(3)　前条に基づき本契約が中途解約された場合

　(4)　第8条第2項または次項に基づき本契約が解除された場合

　(5)　本物件の全部が滅失その他の事由により使用および収益をす
　　ることができなくなった場合

2　甲は、乙が次の各号の一に該当した場合、通知・催告なしに直
　ちに本契約を解除することができる。

　(1)　第4条第1項に規定する賃料、第5条第1項に規定する共益

費、または第6条に規定する消費税および地方消費税の支払を怠り、滞納が［2］か月分の賃料以上の金額に達した場合

(2) 本契約の各条項の一つにでも違反した場合（前号に掲げる事由を除く。）

(3) 手形・小切手が不渡りとなった場合、または支払停止もしくは支払不能の状態に陥った場合

(4) 第三者より仮差押え、仮処分、差押え、強制執行、競売、滞納処分等の申立てを受けた場合

(5) 破産手続開始、民事再生手続開始、会社更生手続開始、特別清算開始その他これらに類する法的倒産手続の申立てを受け、もしくは自ら申し立てた場合または私的整理手続が開始された場合

(6) 解散、会社分割、事業譲渡または合併の決議をした場合

(7) その他著しく信用が失墜した場合

3　甲が前項に基づき本契約を解除した場合、乙は、甲に対し、当該解除により甲の被った一切の損害を賠償する。

4　本契約が終了した場合であっても、第8条第3項および第4項、前項、次条、第15条、ならびに第17条から第19条の規定は引き続き効力を有する。

第14条（明渡し・原状回復）

1　乙は、本契約が終了したとき（ただし、乙の故意または過失によらず本物件の全部が滅失し、前条第1項第5号に基づき本契約が終了したときを除く。）は、乙が新設・付加した造作、備品等を乙の負担で撤去するとともに、本物件および造作設備の変更・汚損・損傷を修復し、壁・天井・床仕上材の塗装、張替を行った上で本物件を原状に回復して甲に明け渡す。

2　乙が本契約終了後も本物件内の乙が設置した造作設備および動産を残置した場合は、甲は任意にこれを処分することができ、当該処分に要した費用を乙に請求することができる。

第 3 章　賃貸借契約

3　第 1 項の原状回復に伴う工事は、甲または甲が指定する者がこ
　れを行い、その費用は乙が負担する。

第 15 条（造作買取請求権等の放棄）

　乙は、本物件の明渡しに際し、その名目の如何を問わず、本物件
および造作設備のために支出した費用の償還または移転料・立退
料・権利金等の一切の請求をすることはできず、また、借地借家法
第 33 条の造作買取請求権を放棄して、甲に対して行使しない。

第 16 条（立入り）

1　甲は、本物件の防火、本物件の構造の保全その他の本物件の管
　理上特に必要があるときは、予め乙の承諾を得て、本物件内に立
　ち入ることができる。
2　前項にかかわらず、甲は、火災による延焼を防止する必要があ
　る場合その他の緊急の必要がある場合においては、予め乙の承諾
　を得ることなく、本物件内に立ち入ることができる。この場合に
　おいて、甲は、乙の不在時に立ち入ったときは、立入り後にその
　旨を乙に通知しなければならない。

第 17 条（連帯保証人）

　連帯保証人は、乙と連帯して、本契約から生じる乙の一切の債務
（以下「主債務」という。）を負担するものとする。ただし、その全
部に係る極度額○円を限度とする。

第 18 条（表明および保証）

　連帯保証人は、甲に対して、本契約締結までに、乙から、次の事
項にかかる情報提供を受けたことを表明および保証する。
　(1)　乙の財産および収支の状況
　(2)　主債務以外に負担している乙の債務の負担の有無ならびにそ
　　　の額および履行状況

⑶　主債務の担保として他に提供し、または提供しようとするものがあるときは、その旨およびその内容

第19条（元本確定事由）

主債務の元本は、次の各号に掲げる場合には、確定する。ただし、第1号に掲げる場合にあっては、強制執行または担保権の実行の手続の開始があったときに限る。

⑴　甲が、連帯保証人の財産について、金銭の支払を目的とする債権についての強制執行または担保権の実行を申し立てたとき

⑵　連帯保証人が破産手続開始の決定を受けたとき

⑶　乙または連帯保証人が死亡したとき

第20条（誠実協議）

甲および乙は、本契約に定めのない事項、または本契約に定める事項もしくは今後合意される事項の解釈について疑義が生じた事項については、誠意をもって協議の上、これを解決する。

第21条（管轄裁判所）

本契約に起因または関連して生じた一切の紛争については、○○地方裁判所を第一審の専属的合意管轄裁判所とする。

本契約の成立の証として本書2通を作成し、各自記名押印の上、各1通を保有する。

賃貸人（甲）	住所
	氏名
賃借人（乙）	住所
	氏名
連帯保証人	住所
	氏名

第 3 章　賃貸借契約

別紙

目　録　1．建物の表示

　　　　　所　　　在　　東京都千代田区○○

　　　　　家屋番号　　○○番○○

　　　　　種　　　類　　店舗

　　　　　構　　　造　　鉄骨鉄筋コンクリート造地上 3 階建

　　　　　床 面 積　　1 階　　○○平方メートル

　　　　　　　　　　　 2 階　　○○平方メートル

　　　　　　　　　　　 3 階　　○○平方メートル

目　録　2．本物件の表示

　　　　　上記 1 記載の建物のうち［3］階部分

　　　　　（ただし、添付平面図のうち赤枠斜線部分○○平方メートル）

＜注記＞

1　第 7 条について

　改正民法では、敷金について「いかなる名目によるかを問わず、賃料債務その他の賃貸借に基づいて生ずる賃借人の賃貸人に対する金銭の給付を目的とする債務を担保する目的で、賃借人が賃貸人に交付する金銭」と定義され、かかる金銭から賃料等の未払債務を控除した金額については賃貸借終了時に返還の対象となることが規定されたことから（改正民 622 条の 2 第 1 項）、賃借人から交付を受ける金銭のうち賃貸借終了時に返還の対象とならない金銭については、改正民法にいう「敷金」に該当しないことが明確になるよう、契約書において記載する必要がある。

2　第 9 条第 1 項について

　改正民法 606 条 1 項の内容を具体的に規定するものである。もっとも、改正前民法下においても、同様の規定が設けられている事例が多いと思われる。

3 第12条第2項について

改正民法611条2項の内容を確認的に規定するものである。

4 第13条第1項第5号について

改正民法616条の2の内容を確認的に規定するものである。

5 第14条第1項について

賃借人の造作・備品等の撤去義務は、改正民法622条が準用する599条1項本文が規定する、賃借人が附属させたものの収去義務を具体的に規定するものである。

また、原状回復義務については、改正民法において、「通常の使用及び収益によって生じた賃借物の損耗」および「賃借物の経年変化」ならびに賃借人の責めに帰することができない事由による「損傷」については、賃借人の原状回復義務の対象外とされている（改正民621条）。もっとも、同条は任意規定であるため、当事者間で同条と異なる合意をすることも可能であるが、消費者契約法の適用対象となる賃貸借契約においては、同法に基づき無効とならないよう留意する必要がある（同法10条）。

6 第17条について

賃貸借における賃料債務等に関する根保証契約は、保証人が個人である場合は一定の範囲に属する不特定の債務を主たる債務とする保証契約として、個人根保証契約（改正民465条の2第1項）に該当する。したがって、個人を保証人とする場合は改正民法下では、極度額を定めなければ、本条は効力を生じない（改正民465条の2第2項）。なお、保証人が法人の場合は本条ただし書を削除しても構わない。

7 第18条について

改正民法では、主たる債務者が、主債務の範囲に事業のために負担する債務が含まれる根保証の委託をするときは、委託を受ける者に対し、①財産および収支の状況、②主債務以外に負担している債務の有無なら

89

第3章　賃貸借契約

びにその額および履行状況、ならびに、③主債務の担保として他に提供
し、または提供しようとするものがあるときは、その旨およびその内容
に関する情報を提供しなければならないことが規定されており、主たる
債務者が当該情報提供を怠った場合には、債権者の認識度合い如何では、
保証人により保証契約を取り消される可能性がある（改正民465条の10。
本書第6章 3、および同章末尾の保証契約書サンプル6条を参照）。

　本条は、当該情報提供を受けたことについて連帯保証人に表明保証さ
せることにより、保証人による保証契約取消のリスクを軽減させ、債権
者の地位を安定化させるための規定である。

　なお、主債務の範囲に事業のために負担する債務が含まれない場合や、
保証人が法人の場合には、本条を削除しても構わない。

8　第19条について

　本条では、個人根保証契約（改正民465条の2第1項）に関する、改
正民法465条の4第1項各号所定の元本確定事由を定めている（本書第
6章 5(2)③を参照）。

　なお、保証人が法人の場合には、本条を削除しても構わない。

定期建物賃貸借契約書

　賃貸人○○（以下「甲」という。）、賃借人○○（以下「乙」とい
う。）および連帯保証人○○は、別紙目録1記載の建物における同2
記載の物件（以下「本物件」という。）について、次のとおり定期建
物賃貸借契約（以下「本契約」という。）を締結する。

第1条（賃貸借）
　甲は、乙に対し、本契約の各条項に基づき本物件を賃貸し、乙は
これを賃借する。

第2条（賃貸借期間）

1　賃貸借の期間は、○年○月○日から○年○月○日までの［10年］間とする。

2　本契約は、前項の賃貸借期間の満了をもって終了し、更新がない。

3　甲は乙に対し、第1項の賃貸借期間の満了の1年前から6か月前までの間（以下「通知期間」という。）に、当該賃貸借期間の満了により本契約が終了する旨を書面によって通知する。

4　甲は、前項の通知をしなければ本契約の終了を乙に対抗することができず、第1項の賃貸借期間の満了後においても、本契約は引き続き存続する。ただし、甲が、乙に対し、通知期間の経過後に、当該賃貸借期間の満了により本契約が終了する旨の書面による通知をした場合には、その通知の日から6か月経過した日に本契約は終了する。

第3条（使用目的）

　　乙は、本物件を○○店舗として使用し、他の用途に使用してはならない。

第4条（賃料）

1　賃料は月額金○○円とし、乙は、甲に対し、毎月○○日（初回分のみ賃貸借開始日とする。）までに翌月分の賃料を甲が別途指定する銀行口座に振込送金する方法により支払う。なお、当該振込送金に係る手数料は乙の負担とし、1か月に満たない期間の賃料は、その月の日数による日割計算とする（1円未満の端数は切り捨てる。）。

2　甲および乙は、賃料の改定は行わないこととし、借地借家法第32条の適用はないものとする。

第3章　賃貸借契約

第5条（共益費）

1　乙は、階段、廊下等の共用部分の維持管理に必要な光熱費、上下水道使用料、清掃費等（以下この条において「維持管理費」という。）に充てるため、甲に対し、前条の賃料とともに、共益費として月額金〇〇円を甲が別途指定する銀行口座に振込送金する方法により支払う。なお、当該振込送金に係る手数料は乙の負担とし、1か月に満たない期間の共益費は、その月の日数による日割計算とする（1円未満の端数は切り捨てる。）。

2　甲および乙は、維持管理費の増減により共益費が不相当となった場合には、協議の上、前項の共益費を改定することができる。

第6条（消費税・地方消費税）

　乙は、甲に対して支払う賃料、共益費、その他の債務に賦課される消費税および地方消費税（共に支払日現在の消費税率による。）を別途負担するものとし、その支払方法は賃料および共益費に準ずる。

第7条（敷金）

1　乙は、本契約に基づき乙が甲に対して負担する一切の債務を担保するため、本契約締結日に、敷金として賃料の〇か月分に相当する金〇〇円を甲に預託する。なお、この敷金には利息を付さない。

2　乙は、本物件を明け渡すまでの間、敷金をもって賃料、共益費、その他本契約に基づく乙の債務と相殺することができない。

3　甲は、乙に本契約に基づく債務の不履行があったときは、任意に敷金の全部または一部を当該不履行債務に充当できる。この場合、乙は、甲の請求に基づき、直ちに充当により生じた第1項所定の敷金額の不足分を甲に預託しなければならない。

4　本契約が終了し、乙が第14条第1項に基づき本物件を原状に回復して甲に返還したとき（ただし、乙の故意または過失によらず本物件の全部が滅失し、第13条第1項第4号に基づき本契約が終

了した場合は、単に本契約が終了したときとする。）は、甲は、敷金を本契約に基づく乙の未払債務の弁済に充当し、その残額を乙に返還する。

5　乙は、敷金の返還請求権を第三者に譲渡し、または担保に供してはならない。

第8条（反社会的勢力の排除）

1　甲および乙は、それぞれ相手方に対し、次の各号の事項を確約する。

⑴　自らが、暴力団、暴力団関係企業、総会屋もしくはこれらに準ずる者またはその構成員（以下、総称して「反社会的勢力」という。）ではないこと

⑵　自らの役員（業務を執行する社員、取締役、執行役またはこれらに準ずる者をいう。）が反社会的勢力ではないこと

⑶　反社会的勢力に自己の名義を利用させ、本契約を締結するものでないこと

⑷　自らまたは第三者を利用して、次の行為をしないこと

　　ア　相手方に対する脅迫的な言動または暴力を用いる行為

　　イ　偽計または威力を用いて相手方の業務を妨害し、または信用を毀損する行為

2　甲または乙が、前項の確約に違反した場合、その相手方は、何らの催告を要しないで本契約を解除することができる（以下この条において、かかる解除権を有する当事者を「解除当事者」といい、前項の確約に違反した当事者を「違反当事者」という。）。

3　解除当事者が前項に基づき本契約を解除した場合、違反当事者は、解除当事者に対し、当該解除により解除当事者の被った一切の損害を賠償する。

4　解除当事者が第2項に基づき本契約を解除した場合、解除当事者は、当該解除により違反当事者の被った一切の損害を賠償する責任を負わない。

第3章　賃貸借契約

第9条（修繕等）

1　乙は、本物件および甲所有の造作設備につき保全または修繕を
要する箇所が生じたときは、速やかにその旨を甲に通知し、甲は
遅滞なくこれに適切に対応する。ただし、乙の故意または過失に
より保全または修繕を要する場合は、これに要する費用は乙の負
担とする。

2　前項に基づく保全または修繕のために甲が必要な措置を行う場
合、甲は事前にその旨を乙に通知する。この場合、乙は、正当な
理由がある場合を除き、当該措置の実施を拒否することができな
い。

第10条（増改築等）

　乙が、本物件の増改築、内装の変更、模様替え、新たな造作・設
備の設置等を行う場合は、事前に甲に説明の上、甲の書面による承
諾を得なければならない。なお、これらに関する費用はすべて乙の
負担とする。

第11条（賃借権の譲渡、転貸借の制限）

1　乙は、甲の書面による承諾を得ることなく、本物件に係る賃借
権の全部または一部を譲渡し、または担保に供してはならない。

2　乙は、甲の書面による承諾を得ることなく、本物件の全部また
は一部を転貸（使用貸借、その他これに準ずる一切の行為を含
む。）してはならない。

第12条（中途解約の禁止）

　甲および乙は、本契約を中途解約することはできない。

第13条（本契約の終了および解除）

1　本契約は、次の各号に定める場合に終了する。

　(1)　甲および乙が、書面で本契約の終了につき合意した場合

(2) 第2条の賃貸借期間が満了した場合

(3) 第8条第2項または次項に基づき本契約が解除された場合

(4) 本物件の全部が滅失その他の事由により使用および収益をすることができなくなった場合

2 甲は、乙が次の各号の一に該当した場合、通知・催告なしに直ちに本契約を解除することができる。

(1) 第4条第1項に規定する賃料、第5条第1項に規定する共益費、または第6条に規定する消費税および地方消費税の支払を怠り、滞納が［2］か月分の賃料以上の金額に達した場合

(2) 本契約の各条項の一つにでも違反した場合（前号に掲げる事由を除く。）

(3) 手形・小切手が不渡りとなった場合、または支払停止もしくは支払不能の状態に陥った場合

(4) 第三者より仮差押え、仮処分、差押え、強制執行、競売、滞納処分等の申立てを受けた場合

(5) 破産手続開始、民事再生手続開始、会社更生手続開始、特別清算開始その他これらに類する法的倒産手続の申立てを受け、もしくは自ら申し立てた場合または私的整理手続が開始された場合

(6) 解散、会社分割、事業譲渡または合併の決議をした場合

(7) その他著しく信用が失墜した場合

3 甲が前項に基づき本契約を解除した場合、乙は、甲に対し、当該解除により甲の被った一切の損害を賠償する。

4 本契約が終了した場合であっても、第8条第3項および第4項、前項、次条、第15条、ならびに第17条から第19条の規定は引き続き効力を有する。

第14条（明渡し・原状回復）

1 乙は、本契約が終了したとき（ただし、乙の故意または過失によらず本物件の全部が滅失し、前条第1項第4号に基づき本契約

第3章　賃貸借契約

が終了したときを除く。）は、乙が新設・付加した造作、備品等を
乙の負担で撤去するとともに、本物件および造作設備の変更・汚
損・損傷を修復し、壁・天井・床仕上材の塗装、張替を行った上
で本物件を原状に回復して甲に明け渡す。

2　乙が本契約終了後も本物件内の乙が設置した造作設備および動
産を残置した場合は、甲は任意にこれを処分することができ、当
該処分に要した費用を乙に請求することができる。

3　第1項の原状回復に伴う工事は、甲または甲が指定する者がこ
れを行い、その費用は乙が負担する。

第15条（造作買取請求権等の放棄）

乙は、本物件の明渡しに際し、その名目の如何を問わず、本物件
および造作設備のために支出した費用の償還または移転料・立退
料・権利金等の一切の請求をすることはできず、また、借地借家法
第33条の造作買取請求権を放棄して、甲に対して行使しない。

第16条（立入り）

1　甲は、本物件の防火、本物件の構造の保全その他の本物件の管
理上特に必要があるときは、予め乙の承諾を得て、本物件内に立
ち入ることができる。

2　前項にかかわらず、甲は、火災による延焼を防止する必要があ
る場合その他の緊急の必要がある場合においては、予め乙の承諾
を得ることなく、本物件内に立ち入ることができる。この場合に
おいて、甲は、乙の不在時に立ち入ったときは、立入り後にその
旨を乙に通知しなければならない。

第17条（連帯保証人）

連帯保証人は、乙と連帯して、本契約から生じる乙の一切の債務
（以下「主債務」という。）を負担するものとする。ただし、その全
部に係る極度額○円を限度とする。

第18条（表明および保証）

連帯保証人は、甲に対して、本契約締結までに、乙から、次の事項にかかる情報提供を受けたことを表明および保証する。

(1) 乙の財産および収支の状況

(2) 主債務以外に負担している乙の債務の負担の有無ならびにその額および履行状況

(3) 主債務の担保として他に提供し、または提供しようとするものがあるときは、その旨およびその内容

第19条（元本確定事由）

主債務の元本は、次の各号に掲げる場合には、確定する。ただし、第1号に掲げる場合にあっては、強制執行または担保権の実行の手続の開始があったときに限る。

(1) 甲が、連帯保証人の財産について、金銭の支払を目的とする債権についての強制執行または担保権の実行を申し立てたとき

(2) 連帯保証人が破産手続開始の決定を受けたとき

(3) 乙または連帯保証人が死亡したとき

第20条（誠実協議）

甲および乙は、本契約に定めのない事項、または本契約に定める事項もしくは今後合意される事項の解釈について疑義が生じた事項については、誠意をもって協議の上、これを解決する。

第21条（管轄裁判所）

本契約に起因または関連して生じた一切の紛争については、○○地方裁判所を第一審の専属的合意管轄裁判所とする。

本契約の成立の証として本書2通を作成し、各自記名押印の上、各1通を保有する。

第3章　賃貸借契約

賃貸人（甲）	住所	
	氏名	
賃借人（乙）	住所	
	氏名	
連帯保証人	住所	
	氏名	

別紙

目　録　1. 建物の表示

　　　　　所　　在　　東京都千代田区○○

　　　　　家屋番号　　○○番○○

　　　　　種　　類　　店舗

　　　　　構　　造　　鉄骨鉄筋コンクリート造地上3階建

　　　　　床 面 積　　1階　　○○平方メートル

　　　　　　　　　　　2階　　○○平方メートル

　　　　　　　　　　　3階　　○○平方メートル

目　録　2. 本物件の表示

　　　　　上記1記載の建物のうち［3］階部分

　　　　　（ただし、添付平面図のうち赤枠斜線部分　○○平方メートル）

<注記>　第2条について

　借地借家法38条は、期間の定めがある建物の賃貸借をする場合において、公正証書による等書面によって契約をするときに限り、契約の更新がないこととする旨を定めることができる旨を規定する。本契約は、第2条第2項に、更新がない旨を定めることにより、借地借家法38条に基づく定期建物賃貸借契約として使用することができる。「公正証書による等書面によって」との形式要件は、必ずしも公正証書による必要はなく、

98

契約書で足りると解されている。

　なお、掲載したサンプル契約書の締結とは別に、賃貸人は、予め「建物の賃貸借の更新がなく、期間の満了により当該建物の賃貸借は終了することについて、その旨を記載した書面」を作成し、賃借人に交付して説明する必要があり、かかる説明をしなかったときは、契約の更新がないこととする旨の定めは無効となってしまうため、注意を要する（借地借家法38条2項・3項）。この事前説明文書は、原則として、契約書とは別個独立の文書でなければならず（最判平成24・9・13民集66巻9号3263頁）、別途作成される必要がある。事前説明文書には、賃貸借契約の更新がなく期間満了により賃貸借契約が終了する旨、当事者、日付、契約内容（対象建物、賃貸借期間の始期および終期）の記載が必要である。なお、交付と説明は「予め」とされているが、契約書を締結するよりも前であればよく、契約締結と同一の機会で差し支えないと解されている。

　第2条第3項は、借地借家法38条4項に基づく、終了の事前通知を規定したものである。この通知を怠ると、第2条第4項のとおり、契約の終了を建物の賃借人に対抗することができなくなる。

第4章

委任契約

第4章　委任契約

1　改正の概要

改正民法では、委任契約について、(i) 復受任者の選任等、(ii) 報酬の支払時期、(iii) 委任の中途終了時の報酬請求権、(iv) 委任契約の任意解除権に関する改正が行われた。

以下、改正点の概要とともに、実務上の留意点を解説する。

2　復受任者の選任等

(1)　復委任の要件

①　改正前民法

委任契約は、当事者間の信頼を基礎とする契約であることから、受任者は原則として自ら事務を処理すべき義務（自己執行義務）を負うものと解され、復受任者を選任することができる場合は限定される。

改正前民法には受任者が復受任者を選任することができる場合の要件に関する規定がなく、復代理に関する規定（民104条）が類推

102

適用されると解されている。

② 改正民法

改正民法では、改正前民法における一般的な解釈に従い、委任の箇所に復受任者の選任要件として(i)「委任者の許諾を得たとき」または、(ii)「やむを得ない事由があるとき」を明文で定め（改正民644条の2第1項）、復代理人の選任要件と同じにした（民104条）。

(2) 復受任者の委任者に対する権利義務

① 改正前民法

改正前民法は、復受任者が選任された場合の委任者と復受任者との関係についても規定がない。本人と復代理人との関係については、改正前民法107条2項（改正民106条2項）が復代理人は本人に対して代理人と同一の権利義務を有すると規定しており、委任者と復受任者との関係については、判例により、復委任が代理権の授与を伴い、復代理関係と復委任関係が併存している場合には、本人（委任者）と復代理人（復受任者）との間に直接の権利義務関係の成立が認められている（最判昭和51・4・9民集30巻3号208頁）。

② 改正民法

改正民法は、委任者と復受任者との内部関係に関する規定は委任の箇所に置くのが相当であるとして、代理権を付与する委任について、受任者が代理権を有する復受任者を選任したときは、復受任者は、委任者に対して、その権限の範囲内において、受任者と同一の権利義務を有する旨が明記された（改正民644条の2第2項）。

103

第 4 章　委任契約

　復受任者に認められる権利義務の内容については、復受任者は、委任者に対して善良な管理者の注意をもって委任事務を処理する義務を負う（民 644 条）一方、直接費用の償還を請求し（民 650 条）、報酬を請求する権利（民 648 条 1 項）を有するとされている（部会資料 72A・11 頁）。

　なお、改正前民法下では、代理権の授与を伴わない復受任者は、当然には委任者に対して直接の権利義務を有しないと解されており（最判昭和 31・10・12 民集 10 巻 10 号 1260 頁）、改正民法の下でも、受任者または復受任者が代理権を有しない場合には、委任者と復受任者との間には何らの権利義務も生じないと解される（一問一答349 頁）。

(3)　実務上の留意点

　復受任者の選任要件、復受任者の委任者に対する権利義務に関する規定は、いずれも改正前民法下における解釈が明文化されたものであり、実務上の影響は少ないと思われる。

　契約書上は、改正前民法下と同様に、委任業務の全部または一部を第三者に委任することが想定される場合、復委任の可否、復委任が許される事由、復委任をする際の手続（書面による同意の要否等）、復受任者の資格、受任者の責任（復受任者の義務の履行について受任者が責任を負うこと）等について規定しておくことが望ましい。

3 報酬の支払時期

(1) 改正前民法

改正前民法では、委任者の受任者に対する報酬の支払時期は、原則として委任事務を履行した後であるが（民648条2項本文）、例外的に期間によって定めた報酬はその期間の経過後に請求することができるとされている（同項ただし書、624条2項）。

(2) 改正民法

改正民法は、報酬が支払われる委任を履行割合型と成果完成型に分けた。

履行割合型（事務処理の労務に対して報酬が支払われる場合）については、改正前民法の報酬の支払時期に関する規律を維持している。

他方、成果完成型（委任事務処理の結果として達成された成果に対して報酬が支払われる場合）については、新たに規定を設け、受任者は、委任者に対して、(i) 成果の引渡しを要しない場合は、成果の完成後に報酬の支払を請求することができる（民648条2項本文）が、(ii) 成果の引渡しを要する場合は、成果の引渡しと同時に報酬の支払を請求することができる（改正民648条の2第1項）とした。

成果完成型とは、成果が得られなければたとえ委任事務を履行したとしても報酬を支払わない旨の合意内容の場合であり（一問一答

第 4 章　委任契約

352 頁)、たとえば、弁護士に対する訴訟委任において、勝訴判決を
得た場合に成功報酬を支払う旨の合意がされている場合や、契約の
媒介を目的とする委任契約において、委任者と第三者との間に契約
が成立した場合に成功報酬を支払う旨の合意がされている場合など
をいう。

　これらの成果完成型の委任は、仕事の完成義務を負わない点で請
負契約とは異なるものの、事務処理を履行しただけでなく成果が生
じてはじめて報酬を請求することができる点で請負に類似している
ため、請負の報酬の支払時期に関する民法 633 条と同様の規定が置
かれたものである。

		報酬の支払時期	
		原則	期間による報酬の定め
委任 (履行割合型)		委任事務の履行後 (民 648 条 2 項本文)	期間経過後 (民 648 条 2 項ただし書、624条 2 項)
委任 (成果完成型)	引渡し必要	引渡し不要	
	引渡しと同時 (改正民 648 条の 2 第 1 項)	委任事務の履行後 (民 648 条 2 項本文)	
請負	引渡し必要	引渡し不要	
	引渡しと同時 (民 633 条本文)	請負の終了後 (民 633 条ただし書、624 条 1 項)	

⑶　実務上の留意点

　改正民法下においても、委任の報酬の支払時期に関する規定は任

106

意規定であると解されており、当事者間で上記規定と異なる合意を
することは可能である（部会資料 72A・12 頁）。

　履行割合型の委任契約では、具体的な成果物がないため、委任事
務の終了時期が不明確となりやすく、契約書に委任事務の終了時期
および報酬の支払時期を明記しておくことが重要である。

　また、成果完成型の委任においても、成果の引渡しを要しない場
合に委任事務の終了時期が不明確となりやすいことは履行割合型と
同様であるし、成果の引渡しを要する場合であっても、報酬の支払
時期を成果の完成前や分割払いとし、あるいは、成果の引渡し後一
定の検証期間を設ける場合のように、法定の支払時期と異なる合意
をする場合は、契約書への明記が必要となる。

4　委任の中途終了時の報酬請求権

(1)　履行割合型と成果完成型

①　改正前民法

　改正前民法では、受任者の帰責事由なくして委任が中途で終了し
た場合、受任者はすでにした履行の割合に応じて報酬を請求するこ
とができるとされている（改正前民 648 条 3 項）。

第 4 章　委任契約

②　改正民法

　改正民法は、前述のとおり委任を履行割合型と成果完成型に分けている。

　履行割合型については、受任者は、(i) 委任事務の履行が不能となった場合、または(ii) 委任が履行の中途で終了した場合、すでにした履行の割合に応じて、委任者に対して報酬を請求することができるとした（改正民 648 条 3 項）。改正前民法では、受任者に帰責事由がある場合には割合的な報酬請求権が認められていなかったが、報酬の支払の方式が履行割合型の委任と類似する雇用においては、労働者の帰責事由により雇用が中途で終了した場合であっても、すでに労務に服した期間についての報酬請求権が認められていた。そこで、改正民法は、委任の中途終了時についても、受任者の帰責事由の有無にかかわらず割合的な報酬請求権を認めることとしたものである（受任者に帰責事由がある場合に、委任者が受任者に対して損害賠償を請求することは可能）。

　他方、成果完成型については、受任者は成果を完成しない限り報酬をまったく請求することができないのが原則であるが、判例は、請負について、仕事の一部がすでに履行された後に請負が解除された場合に、すでに行われた仕事の成果が可分であり、かつ、注文者が既履行部分の給付を受けることに利益を有するときは、既履行部分についての報酬請求権を認めている（最判昭和 56・2・17 判時 996 号 61 頁）。そこで、改正民法は、委任の場合もこれと同様に、受任者は、(i) 成果の完成が不能となった場合、または(ii) 成果を得る前に委任が解除された場合、すでにした委任事務の履行の結果が可分であり、かつ、その給付によって委任者が利益を受けるときは、委任者が受ける利益の割合に応じて、委任者に対して報酬を請求する

ことができるとした（改正民648条の2第2項、634条）。

(2) 委任者の責めに帰すべき事由による場合

① 改正前民法

改正前民法では、委任者の帰責事由によって委任事務の履行が不能となった場合、受任者は、民法536条2項に基づいて報酬全額を請求することができると解されている。

② 改正民法

改正民法は、履行割合型と成果完成型のいずれにおいても、委任事務の履行が不能となった場合の報酬請求権について、「委任者の責めに帰することができない事由」という要件を規定している（改正民648条3項1号、648条の2第2項、634条1号）。

「委任者の責めに帰することができない事由によって委任事務の履行をすることができなくなったとき」とは、当事者双方に帰責事由なく履行不能となった場合および受任者の帰責事由によって履行不能となった場合を指す。「委任者の責めに帰することができない事由」とされているのは、委任者の帰責事由によって委任事務の履行が不能となった場合に、改正民法536条2項の適用を排除しないためと解されており（部会資料81-3・20頁、潮見322頁）、委任者に帰責事由がある場合には、委任業務の履行が未了の部分も含めて報酬全額を請求することができる（一問一答351頁）。

第4章　委任契約

	履行不能となった帰責事由の所在		
	委任者	受任者	双方なし
委任 （履行割合型）	全額の報酬請求可（改正民536条2項）	すでにした履行の割合に応じて報酬請求可（改正民648条3項）	
委任 （成果完成型）		委任者が受ける利益の割合に応じて報酬請求可 ＊ただし、既履行の結果が可分であり、かつ、委任者が利益を受けるときに限る（改正民648条の2第2項、634条）	

(3)　実務上の留意点

　改正民法下では、委任契約の種類が履行割合型であるか成果完成型であるかによって、報酬請求が認められる要件および範囲が異なる。委任契約の内容によっては履行割合型か成果完成型かの判断が困難な場合もあると思われるため、契約書には、改正民法の規定をベースとしながら、中途終了時の報酬請求の可否、要件、範囲等を明記しておくことが望ましい。

　　　　　　　　　　　　　　　5　委任契約の任意解除権

```
┌─────────────────────────────────────┐
│                                     │
│    5   委任契約の任意解除権            │
│                                     │
└─────────────────────────────────────┘
```

(1)　改正前民法

　改正前民法は、各当事者がいつでも委任契約を解除できること（民651条1項）を前提に、相手方に不利な時期に解除したときは損害賠償が必要となるが、やむを得ない事由があるときは損害賠償も不要としている（改正前民651条2項）。

　また、判例は、受任者の利益をも目的とする委任について、委任者は、原則として民法651条による解除はできないとし（大判大9・4・24民録26輯562頁）、例外的に、やむを得ない事由がある場合には解除することができ（最判昭和40・12・17集民81号561頁）、さらに、やむを得ない事由がない場合であっても、委任者が解除権自体を放棄したものとは解されない事情があるときは、民法651条により解除することができ、受任者が被る不利益については委任者から損害の賠償を受けることによって填補されれば足りるとしている（最判昭和56・1・19民集35巻1号1頁）。

(2)　改正民法

　改正民法は、いずれの当事者もいつでも委任契約を解除できるとし（改正民651条1項）、(i)相手方に不利な時期に解除したとき、または(ii)受任者の利益（専ら報酬を得ることによるものを除く）をも目

111

第4章　委任契約

的とする委任を委任者が解除したときは、やむを得ない事由がある
ときを除き、相手方に生じた損害を賠償しなければならないとした
（改正民651条2項）。これは、改正前民法651条1項および2項の
規定内容は維持した上で（改正民651条1項・2項1号）、受任者の
利益をも目的とする委任についても、改正前民法下における判例法
理を取り込み、委任者による解除を認めつつ、やむを得ない事由が
あるときを除き、委任者に損害賠償義務を課すこととしたものであ
る（改正民651条2項2号）。

　なお、(i)相手方に不利な時期に解除したときの損害賠償は、解
除の時期が不当であることに起因する損害を対象とするものであり、
(ii)受任者の利益をも目的とする委任を委任者が解除したときの損
害賠償は、委任契約が解除されなければ受任者が得たと認められる
利益から、受任者が債務を免れることによって得た利益を控除した
ものになると考えられる（部会資料81-3・21頁）。

	解除者	やむを得ない事由の有無	
		有	無
相手方に不利な時期の解除	委任者	いつでも解除可	いつでも解除可 ただし、損害賠償を要する
	受任者		
受任者の利益をも目的とする委任の解除	委任者		
	受任者		いつでも解除可

(3)　実務上の留意点

　改正民法では、受任者の利益をも目的とする委任についても、や
むを得ない事由の有無ないし委任者が解除権を放棄したものと解さ
れない事情の有無にかかわらず、委任者に任意解除権が認められて

いる点では、改正前民法下に比べて、委任者による解除が可能な場合が拡大している。もっとも、改正民法651条は任意規定であると解されているため（潮見324頁）、契約書には、解除の可否、損害賠償義務の有無・範囲等を明記しておくことが望ましい。

第4章　委任契約

＜契約書サンプル＞

　以下では、業務委託契約書について、改正民法下におけるサンプルを掲載する。

業務委託契約書

　○○株式会社（以下「委託者」という。）と△△株式会社（以下「受託者」という。）は、以下のとおり業務委託契約（以下「本契約」という。）を締結する。

第1条（委託業務）
　委託者は、次の各号に掲げる業務（以下「本委託業務」という。）を受託者に委託し、受託者はこれを受託する。
　(1)　○○に関する業務
　(2)　○○に関する業務
　(3)　その他、前各号に付随する業務

第2条（委託期間）
　本委託業務の委託期間は、○年○月○日から○年○月○日までとする。

第3条（委託料）
1　本委託業務の委託料は、総額○○円（消費税別）とする。
2　前項の定めにかかわらず、本契約が解除その他の事由により委託期間の途中で終了したときの委託料は、前項の額に当該終了時までになされた履行の割合を乗じた額とする。ただし、その終了

が委託者の責めに帰すべき事由によるときの委託料は、前項の額の全額とする。

第4条（支払条件）

委託者は、前条の委託料を、委託期間満了日の属する月（前条第2項に定める事由が発生したときは、当該発生日の属する月）の翌月〇日（同日が銀行の営業日でない場合にはその翌営業日）までに受託者に支払う。支払方法は、受託者が別途指定する金融機関の預金口座への振込みによるものとし、振込手数料は、委託者の負担とする。

第5条（善管注意義務）

受託者は、関係諸法令を遵守の上、善良な管理者の注意をもって本委託業務を遂行するものとする。

第6条（業務遂行）

1　受託者は、本委託業務の遂行方法、遂行体制、責任者その他委託者が求める事項を記載した業務計画書を作成し、本契約締結後速やかに委託者に提出する。

2　受託者は、業務計画書に記載された事項を変更するときは、事前に委託者の承諾を得るものとする。

3　委託者が業務計画書に記載された事項について変更を求めた場合、受託者は、これに従って対応するものとする。

第7条（業務報告）

受託者は、本委託業務の遂行にあたり、適宜または委託者の求めに応じて、本委託業務の遂行状況その他委託者が求める事項（第11条第2項に基づく再委託の状況を含む。）を委託者に報告しなければならない。

第4章　委任契約

第8条（報告書）

1　受託者は、本委託業務に関する報告書（以下「本成果物」という。）を作成し、○年○月○日までに委託者に提出する。本成果物の項目、範囲等は、別途協議の上で定める。

2　委託者は、提出された本成果物を速やかに検査し、その検査結果を受託者に通知する。委託者は、本成果物を不適当と判断したときは、受託者にその補正を求めることができるものとし、この場合、受託者は、別途合意した期限内に無償で本成果物を補正するものとする。

3　本成果物の提出後○日以内に前項の通知がなされない場合、本成果物は前項の検査に合格したものとみなす。

第9条（本成果物の帰属）

1　本成果物が著作物に該当する場合、その著作権（著作権法第27条および第28条の権利を含む。）は前条第2項および第3項に定める検査に合格した時点で委託者に帰属するものとする。

2　受託者は、委託者による本成果物の利用について著作者人格権を行使しないものとする。

3　受託者は、本成果物が第三者の権利（著作権を含むが、これに限られない。）に抵触しないことを保証し、万一、委託者が第三者から本成果物の利用について何らかの請求、異議の申立て等を受けた場合には、受託者は自らの責任と負担によりこれを解決するとともに、委託者に生じた損害を賠償するものとする。

第10条（費用負担）

受託者が本委託業務を遂行するために要する費用は、別途合意したものを除きすべて受託者の負担とする。

第11条（再委託の禁止）

1　受託者は、委託者の事前の書面による承諾なく本委託業務の全

部または一部を第三者に委託してはならない。

2　受託者が前項の承諾を得て本委託業務を第三者に委託する場合、受託者は、当該第三者に対して本契約に定める受託者の義務と同等の義務を課すとともに、当該委託に基づく当該第三者の行為の一切について、委託者に対し責任を負うものとする。

第12条（秘密保持）

1　委託者および受託者は、本契約に関する交渉の存在、経緯および内容、本契約の存在および内容、その他本契約の交渉、締結または履行に関連して相手方から開示を受けた相手方に関する情報（以下「秘密情報」という。）を本契約の目的にのみ用いるものとし、相手方の事前の書面による承諾なく第三者に開示または漏洩してはならない。

2　前項の規定にかかわらず、次の各号に該当する情報については秘密情報に含まれないものとする。

⑴　情報受領時においてすでに公知となっている情報

⑵　情報受領時以降、情報受領者の責めに帰すべき事由によらずに公知となった情報

⑶　自らが秘密保持義務を負うことなく第三者より適法に取得した情報

⑷　自らが相手方から開示される以前から適法に所有していた情報

⑸　秘密情報とは無関係に自らが独自にかつ適法に取得した情報

3　次の各号の場合には、第1項を適用しない。

⑴　委託者または受託者が適用法令または規則に従い必要最小限度において秘密情報の開示を行う場合（監督官庁、裁判所、金融商品取引所等の公的機関に対して行う回答、報告、届出、申請等を含むがこれらに限られない。）。なお、かかる開示を行う場合、開示を行う当事者は、その開示前に（ただし、事前通知が不可能な場合に限り、開示後速やかに）、相手方に書面による

第4章　委任契約

　　通知をしなければならない。

　⑵　委託者または受託者が各々、自己の責任において自己の役員、
　　従業員もしくは代理人、または法律上秘密保持義務を負う弁護
　　士、公認会計士その他の専門家に対して秘密情報を開示する場
　　合。

4　本条は、本契約終了後も〇年間存続するものとする。

第13条（顧客情報の管理）

1　受託者は、委託者から提供され、または本委託業務の遂行に際
　して取得した委託者の顧客に関する一切の情報（以下「本顧客情
　報」という。）について、次の各号に定める事項を遵守し、本顧客
　情報の漏洩、紛失、盗用、改ざん等（以下「漏洩等」という。）が
　生じないよう適切に管理しなければならない。

　⑴　受託者は、本契約の遂行のためにのみ本顧客情報を利用する
　　ものとし、その目的以外にこれを利用してはならない。

　⑵　受託者は、本顧客情報の取扱いを本委託業務に携わる自己の
　　役員または従業員のうち必要最小限度の者で、かつ就業規則等
　　により守秘義務を課した者に限定しなければならない。

　⑶　受託者は、本顧客情報の複製を必要最小限度にとどめるとと
　　もに、複製物についても本条に従い適正に管理しなければなら
　　ない。

　⑷　受託者は、本顧客情報の漏洩等が生じないようシステムおよ
　　び社内規定の整備、従業員の教育等、適切な措置を講じなけれ
　　ばならない。

2　受託者は、本顧客情報の漏洩等またはそのおそれが生じた場合、
　直ちに委託者にその旨を報告するとともに、委託者の指示に従い、
　漏洩等の拡大防止および予防のための措置を講じなければならな
　い。

3　委託者は、受託者に対し、本条の遵守状況について適宜報告を
　求め、または受託者の事前の承諾を得た上で監査することができ

るものとする。

4　受託者は、本契約が終了したときまたは委託者の求めに応じて、本顧客情報（複製物も含む。）を速やかに委託者に返還し、返還不能なものについては、委託者の承諾を得て破棄した上でその報告書を委託者に提出するものとする。

5　本条は、本契約終了後も存続するものとする。

第14条（個人情報の取扱い）

1　本顧客情報に個人情報の保護に関する法律（以下「個人情報保護法」という。）に規定される個人情報（以下「個人情報」という。）が含まれる場合、受託者は、個人情報保護法および同法に関する関係官庁作成のガイドラインに基づき必要な措置を講じなければならない。

2　その他、個人情報の取扱いについては、委託者および受託者で別途合意する「個人情報の取扱いに関する覚書」に定めるところによる。

第15条（損害賠償等）

1　委託者または受託者は、本契約に違反したことによって相手方に損害を与えた場合、その損害を賠償する。

2　受託者は、本委託業務に関して第三者の権利を侵害し、または第三者との間で紛争が生じたときは、自らの責任と負担により解決しなければならず、委託者に対して一切の迷惑をかけないものとする。ただし、当該権利侵害または紛争が委託者の責めに帰すべき事由により生じた場合は、この限りでない。

第16条（催告解除）

1　委託者または受託者は、相手方が本契約に違反し、または本契約に定める債務を履行しない場合、期間を定めて是正または履行を催告の上、本契約を解除することができる。

第 4 章　委任契約

2　前項の規定により委託者または受託者が本契約を解除した場合、相手方に対する損害賠償の請求を妨げない。

3　委託者は、第 1 項の規定により本契約を解除した場合、本委託業務のそれまでの成果を譲り受けることができる。第 9 条の規定はこの場合に準用する。

第 17 条（無催告解除）

1　委託者または受託者は、相手方が次の各号に該当する場合、催告なしに直ちに本契約を解除することができる。

　⑴　差押え、滞納処分を受けたとき

　⑵　法的倒産手続、私的整理手続の申立てがあったとき

　⑶　手形または小切手が不渡りとなったとき

　⑷　事業を廃止したとき

　⑸　相手方に対する著しい背信行為があったとき

　⑹　その他前各号に類する行為があったとき

2　前条第 2 項および第 3 項の規定は、前項による解除の場合に準用する。

第 18 条　（任意解除）

1　委託者は、いつでも本契約を解除することができるものとする。

2　前項の規定により委託者が本契約を解除した場合、委託者は、第 3 条第 1 項の額の委託料を受託者に支払うものとし、受託者は委託者に対し、損害賠償その他の名目を問わず当該委託料以外の金員を請求しないものとする。

3　受託者は、前 2 条に基づく場合を除き、本契約を解除することができないものとする。

第 19 条（譲渡禁止）

　委託者および受託者は、本契約に別段の定めがある場合を除き、本契約上の地位または本契約上の権利もしくは義務の全部または一

部を、相手方の事前の書面による承諾なく第三者に譲渡、移転、担保権の設定その他の方法により処分してはならない。

第20条（反社会的勢力の排除）

1　委託者および受託者は、それぞれ相手方に対し、次の事項を確約する。

⑴　自らまたは自らの役員（業務を執行する社員、取締役、執行役またはこれらに準ずる者をいう。）が暴力団、暴力団関係企業、総会屋もしくはこれらに準ずる者またはその構成員（以下、総称して「反社会的勢力」という。）ではないこと

⑵　反社会的勢力に自己の名義を利用させ、本契約の締結および履行をするものではないこと

2　委託者および受託者は、自らまたは第三者を利用して、本契約に関して次の行為をしてはならない。

⑴　脅迫的な言動または暴力を用いる行為

⑵　偽計または威力を用いて業務を妨害し、または信用を毀損する行為

3　委託者または受託者は、相手方が前二項の規定に違反した場合、催告なしに直ちに本契約を解除することができる。

4　受託者は、第11条の定めに基づく本委託業務の再委託先が反社会的勢力であることが判明した場合、再委託契約の解除等必要な措置を講ずるものとする。

5　委託者は、受託者が正当な理由なく前項に定める措置を講じないときは、本契約を解除することができる。

第21条（通知等）

本契約に基づくまたは関連する一切の通知、報告、承諾等は、本契約に別段の定めがある場合を除き、すべて書面によるものとする。

第4章　委任契約

第22条（準拠法および裁判管轄）

1　本契約の準拠法は日本法とし、日本法に従って解釈されるものとする。

2　委託者および受託者は、本契約に起因または関連して生じた一切の紛争については、○○地方裁判所を第一審の専属的合意管轄裁判所とすることを合意する。

第23条（誠実協議）

　委託者および受託者は、本契約に定めのない事項、または本契約に定める事項もしくは今後合意される事項に関する疑義については、誠意をもって協議の上、これを解決するものとする。

　本契約締結の証として本書2通を作成し、委託者および受託者が各々記名押印の上、各1通を保管する。

　　　　年　　月　　日

　委託者：
　　【所在地】
　　【商号】
　　【役職および代表者氏名】　　　　　　　　　　　㊞

　受託者：
　　【所在地】
　　【商号】
　　【役職および代表者氏名】　　　　　　　　　　　㊞

＜注記＞

1　第1条について

業務委託契約では、その法的性質が（準）委任である場合と請負である場合とがあるが、本サンプルは、（準）委任である場合を想定している。（準）委任か請負かの区別は、仕事完成義務の有無にかかっており、受託者に仕事完成義務が認められれば請負であるが、仕事完成義務が認められず、委託業務の遂行について善管注意義務を負うにとどまる場合は（準）委任となる。

なお、業務委託契約は、法律行為を委託する委任と法律行為でない事務を委託する準委任にも区別されるが、準委任にも委任に関する規定がすべて準用されるから（民656条）、契約書上これを特に区別する実益はない（以下の注記でも、両者を区別せずに「委任」と記述している）。

2　第3条第1項について

改正民法下においても、受任者は、特約がなければ委任者に対して報酬を請求することができない（民648条1項）。一方、商法512条は、商人がその営業の範囲内において他人のために行為をしたときには相当な報酬を請求することができる旨を規定しており、これは、民法の委任・準委任・寄託・事務管理等の諸規定に対する特則をなしている。整備法においても、商法512条は改正の対象とされていない。本契約でも、受託者が商人の場合には、その営業の範囲内において本委託業務を受託するものであれば、特約の有無にかかわらず商法512条により報酬請求権が生じることとはなるが、その場合の報酬額は委託業務の内容や取引慣行等の諸般の事情を斟酌して決めるほかなく、紛争の原因となりうることから、予め具体的な報酬額を定めておくべきである。

3　第3条第2項について

中途終了時における報酬の取扱いについて、改正前民法648条3項は、受任者に帰責事由のないことを報酬請求の要件としていた。これに対し、

第 4 章　委任契約

改正民法 648 条 3 項は、事務処理の労務に対して報酬が支払われる「履行割合型」の委任について、委任事務が履行不能となり、または解除その他の事由によって履行の中途で終了したときには、受任者の帰責事由の有無にかかわらず、受任者は、それまでの履行割合に応じた報酬を請求することができるものと規定している。そのため、中途終了時における報酬の取扱いについて契約上の定めがない場合、受任者の帰責事由によって委任事務の履行をすることができなくなった場合や、受任者の帰責事由を理由に委任者が契約を解除した場合であっても、受任者には、履行割合に応じた報酬請求が認められることになる。他方、委任者の帰責事由によって委任事務の履行をすることができなくなったときには、改正民法 536 条 2 項前段の法意に従い、受任者は、報酬の全額を請求することができる。本サンプルでは、このような改正民法の規定どおりの取扱いを定めている。なお、「終了時までになされた履行の割合」の算出が一義的でない場合には、契約書上に当該割合の算出方法を明記しておくことも考えられる。

　一方、委任者の立場から、委任者の帰責事由による中途終了時にも履行割合に応じた報酬の支払にとどめたい場合には、「ただし、その終了が委託者の責めに帰すべき事由によるときの委託料は、前項の額の全額とする。」を削除する（または「なお、その終了が委託者の責めに帰すべき事由によるときも同様とする」に変更する）ことになるが、さらに、受任者の帰責事由による中途終了時には履行割合に応じた報酬を支払わない旨を明記することについては、委託業務の内容等の事情により、信義則（民 1 条 2 項）・公序良俗（改正民 90 条）等の一般法理に反して無効となる可能性があることに留意する必要がある（そのような場合には、別途、受任者の善管注意義務違反を理由とする損害賠償請求権との相殺を検討することになる）。

4　第 4 条について

　民法 648 条 2 項は、「履行割合型」の委任における報酬の支払時期について、後払の原則を定める。本サンプルも、当該原則どおりの取扱いを

定めている。

　なお、改正前民法下の契約実務では、委託業務が継続的なものである場合等に「本委託業務の委託料は、月額○○円とする。／委託者は、当該委託料を、翌月○日までに支払う。」と、一定期間ごとの報酬額と支払方法を定めることも多いが、民法 648 条 2 項に改正はなく、改正民法下でもそのような定めが妨げられるものではない。

　また、第 8 条（報告書）のように委託業務の内容が成果物の提出を伴う場合は、「委託者は、前条の委託料を、第 8 条に定める報告書の検査合格後、受託者の請求に従い、請求の日の属する月の翌月○日までに受託者に支払う。」などの定めを置くことが考えられる。

5　第 5 条について

　改正民法下においても、受任者が委任事務の処理について善管注意義務を負うことは何ら異ならない（民 644 条）。なお、同条は任意規定であると考えられており、契約書上に受任者の注意義務の水準を明記することも可能である。

6　第 7 条について

　改正民法下においても、委任者は、いつでも委任事務の処理についての状況報告を受任者に求めることができる（民 645 条）。

　受任者による委任事務の処理について委任者が適宜指示を行うにあたって、この状況報告請求権が重要な役割を果たす。本サンプルは簡潔な定めにとどめているが、必要に応じて、定期的な報告、具体的な報告事項を定めておくことや、委託者の受託者に対する監査・検査権限を設けることも考えられる。

7　第 8 条について

　本サンプルは履行割合型の委任を想定しているが、第 8 条（報告書）は、委託業務の内容が成果物の提出を伴う場合の条項例である。

第4章　委任契約

8　第9条について

　第8条（報告書）のように委託業務の内容が成果物の提出を伴う場合は、当該成果物の著作権の帰属を定めておく必要がある。

　第9条（本成果物の帰属）は、成果物の著作権を委託者に帰属させる場合の条項例であるが、受託者に帰属させる場合は、「本成果物が著作物に該当する場合、その著作権は受託者に帰属するものとする。」「委託者は、本成果物を無償で利用できるものとし、受託者は、委託者による本成果物の利用について著作者人格権を行使しないものとする。」とすることが考えられる。

9　第10条について

　改正民法下においても、受任者は委任者に対し、委任事務の処理に必要な費用の前払を請求することができ（民649条）、また、費用を支出したときは、その費用および支出の日以降の利息を請求することができる（民650条1項）。もっとも、当該規定は任意規定であるため、本サンプルのように、予定されている費用については別途協議・合意した上で、その他はすべて受託者負担と定めることも考えられる。

10　第11条について

　改正民法644条の2第1項では、受任者は、委任者の許諾を得たとき、またはやむを得ない事由があるときでなければ復受任者を選任することができない旨が明文化された。改正前民法下においても、これと同趣旨の民法104条の規定が類推適用されると解されていたため、実質的な変更はなく、再委託に関する定めも従前どおりの内容で特段問題はない。

11　第18条について

　改正民法下においても、委任は各当事者がいつでも解除することができる（民651条1項）。もっとも、当該規定は任意規定であると解されており（潮見324頁）、本サンプルでは、受託者は任意解除権を放棄する旨を定めている。

126

また、改正民法651条2項は、かかる任意解除によって委任者が損害賠償義務を負う場合について、改正前民法下の「相手方に不利な時期に委任を解除したとき」に加え、従前の判例法理を明文化する形で「委任者が受任者の利益（専ら報酬を得ることによるものを除く。）をも目的とする委任を解除したとき」を規定しているが、本サンプルでは、受託者はこれらの場合の損害賠償請求権についても放棄する旨を定めている。

　なお、第18条第2項の「委託者は、第3条第1項の額の委託料を受託者に支払うものとし」は、第3条第2項ただし書と同旨の定めを確認的に置いているものであるため、第3条第2項で「ただし、その終了が委託者の責めに帰すべき事由によるときの委託料は、前項の額の全額とする。」を削除または変更する場合（上記3参照）には、第18条第2項の該当部分も「委託者は、第3条第1項の額に当該解除までになされた履行の割合を乗じた額の委託料を受託者に支払うものとし」と変更することとなる。

12　第19条について

　改正民法下においては、譲渡禁止特約の付された債権も譲渡し得るものとされている（改正民466条2項）。しかし、譲渡禁止特約について債権の譲受人が悪意重過失であったときには、債務者は債務の履行を拒絶することができるため（同条3項）、譲渡禁止特約を置くことの意義はなくならない。

第5章

金銭消費貸借契約

第 5 章　金銭消費貸借契約

1　改正の概要

　本章では、金銭消費貸借契約に関する事項について解説する。改正民法では、消費貸借契約に関する事項として、(i)諾成契約の許容、(ii)約定利息、(iii)期限前弁済に関する改正が行われた。また、消費貸借契約そのものではないが、金銭消費貸借契約に密接に関連する項目として消滅時効（時効障害制度、時効期間）および債権譲渡（債権の譲渡性とその制限、異議をとどめない承諾による抗弁の切断、将来に発生する債権の譲渡）に関する改正も行われた。

　以下、概要を説明するとともに、民法改正に対応した実務上の留意点を紹介する。

2　諾成契約の許容

(1)　改正前民法

　改正前民法は、消費貸借契約を目的物の引渡しがあって初めて成立する要物契約として規定していた（民587条）。もっとも、実務上は、諾成的な消費貸借契約に対するニーズは強く、判例（最判昭

和 48・3・16 金法 683 号 25 頁）も、無名契約として諾成的な消費貸
借契約を認めていた。

(2) 改正民法

改正民法は、要物契約としての消費貸借契約に加えて（民 587 条）、
諾成契約としての消費貸借契約も認められることを明記し（改正民
587 条の 2 第 1 項）、安易に消費貸借契約の合意がなされることを防
ぐため、諾成契約としての消費貸借契約については書面または電磁
的記録によることを必要とした（同条 1 項・4 項）。諾成契約として
の消費貸借契約の成立により、貸主は金銭などの目的物を貸す義務
を負うことになる。

また、諾成契約としての消費貸借契約については、目的物を受け
取る前に借主の需要がなくなることがあり得ることから、借主は目
的物を受け取るまでは契約を解除することができることが明記され
た（改正民 587 条の 2 第 2 項前段）。また、かかる解除によって貸す
義務を負っていた貸主には目的物の調達コスト等の損害が発生する
ことがあり得ることから、損害を受けた貸主はその賠償を借主に対
して請求することができることも明記された（同項後段）。

さらに、諾成契約としての消費貸借契約については、目的物を受
け取る前に当事者の一方が破産手続開始の決定を受けたときは、そ
の効力を失うこととされた（改正民 587 条の 2 第 3 項）。

これは、(i)借主が破産手続開始の決定を受けた場合にまで貸主に
貸す債務を負わせるのは不公平であること、(ii)貸主が破産手続開始
の決定を受けた場合に、貸主の目的物を貸す義務に対応する請求権
を根拠に借主に破産配当を受けることを認めると、その目的物の借
主に対する返還請求権が貸主の破産財団を構成することになり、手

第5章　金銭消費貸借契約

続が煩雑になることを踏まえたものである（部会資料70A・52頁）。

(3)　実務上の留意点

①　実行の前提条件

　民法改正により、諾成契約としての金銭消費貸借契約が締結された場合には、貸付の実行前であっても貸主の「貸す義務」（借主の「借りる権利」）が発生することが明確となった。

　この点、貸付の実行日が金銭消費貸借契約の締結日より後である場合には、貸付の実行までに借主に信用不安が生じる可能性や、借主の借りる権利について無断譲渡や差押え等の事由が生じる可能性がある。なお、実行前に借主が破産手続開始決定を受けた場合には、改正民法587条の2第3項により諾成契約としての金銭消費貸借契約は失効することになるが、その他の事由により借主に信用不安が生じたとしても、金銭消費貸借契約が当然に失効するわけではない。

　そこで、貸主としては、金銭消費貸借契約において、借主に信用不安が生じていないこと、貸主の求める一定の書類が借主その他第三者から提出されること、借主の借りる権利について無断譲渡や差押え等の事由が生じていないこと等を貸付の実行の前提条件として定めておくことが考えられる。当該条項はすでにシンジケートローンなど一部のローン契約でよく見受けられるものであるが、今後はより金銭消費貸借契約一般において導入の検討を行うことが望ましいであろう。

②　借主による実行前の解除

　改正民法では、上記(2)のとおり、諾成契約としての金銭消費貸借

132

契約が締結された場合、借主は貸付の実行前であればこれを解除できること、および貸主は当該解除によって受けた損害の賠償を借主に対して請求できることが規定された（改正民587条の2第2項）。

かかる場合に借主が貸主に賠償しなければならない損害としては調達コスト等の積極損害が考えられるが（部会資料70A・51頁）、この点についてはあくまでも個々の事案における解釈・認定に委ねられており、かつ、当該損害の発生・内容および因果関係の主張立証責任は貸主が負うこととされている（潮見280頁）。

そこで、貸主としては、金銭消費貸借契約において、借主による貸付の実行前の解除による貸主の損害の賠償について損害賠償額の予定の合意をしておくことが考えられる。なお、予定された損害賠償額が過大である場合には、改正民法90条や消費者契約法9条により損害賠償額の予定の合意が無効となる可能性があるため注意を要する。

3 約定利息

(1) 改正前民法

改正前民法では、消費貸借契約に関して利息の発生に関する明文の規定がなかった。

第 5 章　金銭消費貸借契約

(2)　改正民法

　改正民法では、実務における消費貸借のほとんどが利息付であることに鑑み、消費貸借において利息の発生に関する規定が新たに定められた。具体的には、貸主が利息を請求するためには特約が必要であり、かつ、利息が発生するのは借主が目的物を受け取った日以後であることとされた（改正民 589 条）。

(3)　実務上の留意点

　改正前民法の下でも、実務上は、金銭消費貸借契約の締結の際に利息についても合意がなされることが通常であった。そのため、改正によっても実務に対する影響は特段ないものと考えられる。なお、改正民法の下では、法定利率について変動利率が採用されることとなる（改正民 404 条）。また、整備法により、改正前民法の下で存在した改正前商法 514 条の商事法定利率に関する定めが廃止された。そこで、改正民法の下では、債権管理等の観点から金銭消費貸借契約の当事者間において約定利率や遅延利率に関する合意を行う重要性が、実務上、より高まるものと考えられる。

134

4 期限前弁済

(1) 改正前民法

　改正前民法では、返還時期の定めのある消費貸借の期限前弁済に関する明文規定がなく、返還時期の定めのある利息付消費貸借については、期限の利益の放棄を定めた民法 136 条 2 項により、借主は期限前弁済をすることができるがこれにより貸主に生じた損害を賠償する義務を負うと解されていた。

(2) 改正民法

　改正民法では、消費貸借のルールの明確化を図るため、借主は返還時期の定めのある消費貸借について期限前弁済をすることができること、およびこれによって貸主に生じた損害を賠償する義務を負うことが明記された（改正民 591 条 2 項・3 項）。

(3) 実務上の留意点

　改正民法においても、借主が返還時期の定めのある消費貸借について期限前弁済をした場合に貸主に賠償しなければならない損害の範囲については、あくまでも個々の事案における解釈・認定に委ねられており（すなわち、必ずしも返還時期までに生ずべきであった利息

第 5 章　金銭消費貸借契約

相当額が損害として認められるわけではない（一問一答 299 頁））、かつ、当該損害の発生・内容および因果関係の主張立証責任は貸主が負うこととされている（潮見 285 頁）。

　そこで、貸主としては、金銭消費貸借契約において、期限前弁済による貸主の損害の賠償について損害賠償額の予定の合意をしておくことが考えられる。たとえば、弁済期までの利息相当額を損害賠償額とする旨の規定を設けることも考えられるが、現実に損害が発生していないにもかかわらず弁済期までの利息相当額の請求が当然に認められるとは限らず、個々の事案における解釈・認定によると解される（一問一答 299〜300 頁）。なお、予定された損害賠償額が過大である場合には、改正民法 90 条や消費者契約法 9 条により損害賠償額の予定の合意が無効となる可能性がある。

5　消滅時効

(1)　時効障害制度

①　改正前民法

　改正前民法においては、時効障害（時効の進行や完成が妨げられること）の事由として、「中断」（改正前民 147 条〜157 条）と「停止」（改正前民 158 条〜161 条）を定めていたが、同じ中断事由の中でも、承認（改正前民 147 条 3 号）がそれまで経過した時効期間の効力を

136

失わせ、新しく一定の時点から時効期間を計算しなおす効果を生じ
させるのに対し（改正前民157条1項参照）、履行催告（改正前民153
条）は時効が完成すべき時が到来しても時効の完成が猶予される効
果を生じさせ、裁判上の請求（改正前民147条1号）は双方の効果
を生じさせるものとされるなど、「中断」の概念が理解しにくかっ
た。

　また、改正前民法については、天災等が発生した場合の時効停止
期間が2週間であった（改正前民161条）。

②　改正民法

　改正民法においては、時効の中断について、その効果に着目して
時効の「完成猶予」（当該事由が発生しても時効期間の進行自体は止ま
らないが、本来の時効期間の満了時期を過ぎても、所定の時期を経過す
るまでは時効が完成しないという効果）と、「更新」（当該事由の発生に
よって進行していた時効期間の経過が無意味なものとなり、新たに零か
ら進行を始めるという効果）という、その効果の内容を端的に表現す
る2つの概念で再構成している（改正民147条参照）。また、時効の
停止についても、その効果の内容を端的に表現する「完成猶予」とい
う概念で再構成することで、その内容をより理解しやすいものとし
ている。改正後における消滅時効に係る概念は下表のとおりである。

改正後	意味
更新	この事由が生じると、それまで経過した時効期間が効力を失い、当該事由が終了すれば、新たに時効が進行を開始する。
完成猶予	この事由が生じても、本来の時効期間の進行には関係なく、ただ時効の完成を一定の期間だけ猶予する。

　改正民法においては、権利者が権利行使の意思を明らかにしたと
評価できる事実を「完成猶予」事由に、権利の存在について確証が

第5章　金銭消費貸借契約

得られたと評価できる事実を「更新」事由にするとの方針が採られている。なお、仮差押え・仮処分については、改正前民法においては「中断」事由とされていた（改正前民154条参照）が、これらの手続には債務名義が不要であることや、その後に本案訴訟提起等が予定されていることから、改正民法においては「完成猶予」事由とされた（改正民149条）。

　「完成猶予」事由と「更新」事由を比較したものは下表のとおりである。

	「完成猶予」事由	「更新」事由
裁判上の請求等	裁判上の請求（147条1項1号）	裁判の確定（147条2項）
	支払督促の申立（147条1項2号）	支払督促の確定（147条2項）
	和解・民事調停・家事調停の申立（147条1項3号）	和解・調停の成立（147条2項）
	破産・再生・更生手続参加（147条1項4号）	権利の確定に至り、手続が終了したこと（147条2項）
強制執行等	強制執行（148条1項1号）	手続の終了（ただし、申立の取下げまたは手続の取消による終了の場合は除く）（148条2項）
	担保権の実行（148条1項2号）	
	担保権の実行としての競売（148条1項3号）	
	財産開示手続（148条1項4号）	
	仮差押・仮処分（149条）	
その他		承認（152条）
	催告（150条）	
	権利についての協議を行う旨の合意（151条）	
	天災その他避けることのできない事変（161条。期間：3か月間）	

＊表内の条文はいずれも改正民法。太枠内は改正民法により実質的な改正点があるもの。

138

また、改正民法では天災その他避けることができない事変が発生した場合の時効完成猶予期間が3か月となり（改正民161条）、改正前民法に比べて延長された。

さらに、改正民法では、当事者間において権利についての協議を行う旨の合意（協議合意）による完成猶予の規定が新設された。具体的には、債権者と債務者の間の協議合意が書面または電磁的記録でなされた場合には、当該合意があった時から1年間（1年未満の期間を当事者が定めた場合はその期間）時効の完成が猶予されるとともに、協議期間中に、当事者の一方が相手方に対し、書面または電磁的記録で協議の続行を拒絶する旨の通知を行った場合には、協議期間が満了する前であっても通知の時から6か月を経過した時に時効完成猶予の効果がなくなることとなった（改正民151条1項・4項・5項）。

協議合意による時効の完成猶予期間内に協議合意を繰り返すことで、完成猶予がなかった場合の時効完成時から最長5年間時効の完成を猶予することができる（同条2項）。一方、催告による時効の完成猶予期間内に協議合意を行った場合や、協議合意による時効の完成猶予期間内に催告をした場合には、それぞれ協議合意や催告による（再度の）完成猶予の効力は認められない（同条3項）。

③　実務上の留意点

まず、改正民法により整理された時効障害制度については、改正前民法の規定や判例法理を整理して規定されたものであり、基本的には実務上の影響は大きくはないものと考えられる。

次に、改正民法により天災等の事変が発生した場合について、被災者等の保護を図る観点から時効完成猶予期間が3か月間へと長期化されているが、この改正により債権行使に向けた準備期間が長く

第5章 金銭消費貸借契約

なり、被災した債権者の債権保全がより適切に可能になったといえる。

さらに、権利についての協議を行う旨の合意による完成猶予に関しては、改正前民法下においては、当事者間において解決に向けた協議を行っていても、時効期間の満了が近づくと、時効中断のために訴訟提起などを検討せざるを得ないことがあったが、改正民法により、協議を行う旨の合意を行うことで債権の存在の認否にもかかわらずこのような無用な訴訟提起等を回避することが可能になったと評価できる。

ただし、(i)協議合意は書面（または電磁的記録）で行う必要があることから、相手方が強く争っている場合など書面作成が期待できない場合には催告等により適切に時効管理を行う必要があること、(ii)本来の時効期間満了後催告による時効完成猶予期間中に協議合意をしてもこれによる時効完成猶予の効力はないことには留意が必要である。

(2) 時効期間

① 改正前民法

改正前民法の下では、債権の原則的な時効期間を、権利を行使することができる時から10年と定めた上で（改正前民166条1項、167条1項）、職業別に1年から3年の短期消滅時効（改正前民170条〜174条）や5年の商事債権の消滅時効（改正前商法522条）を定めていた。このように、時効期間が統一されておらず、いずれの規定が適用されるかについて解釈の余地があるため予測可能性に問題があるとの指摘がなされていた（部会資料69A・7〜8頁）。

140

また、人の生命・身体の侵害による損害賠償請求を行うに際し、債務不履行（安全配慮義務・保護義務違反）に基づく場合と不法行為に基づく場合とで時効期間が異なっていた。

② 改正民法

改正民法においては、債権の消滅時効期間を、債権者が権利を行使できることを知った時（主観的起算点）から5年、債権者が権利を行使することができる時（客観的起算点）から10年と定め（改正民166条1項）、いずれか早い時に時効期間が満了するとして、基本的な統一が図られた。また、人の生命・身体の侵害による損害賠償請求権は、一般の債務不履行、不法行為（改正前民法と期間は変わらないが、客観的起算点からの20年の期間が除斥期間ではなく消滅時効であると明文化された）の期間を修正し、いずれも主観的起算点から5年、客観的起算点から20年の消滅時効期間に統一された（改正民167条、724条の2。起算点についての文言は異なるが、実質的には同じ時点となることが前提とされている）。5年の商事債権の消滅時効を定める改正前商法522条は削除され、廃止される。

改正前民法と改正民法の下における消滅時効の期間の概要は下表のとおりである。

第5章　金銭消費貸借契約

		債務不履行		不法行為	
		主観的起算点	客観的起算点	主観的起算点	客観的起算点
改正前		―	10年	3年	20年（除斥期間）
改正後	一般的債権	5年	10年	3年	20年（消滅時効）
		（改正民166条1項）		（改正民724条）	
	生命・身体侵害損害賠償	5年	20年（改正民167条）	5年（改正民724条の2）	20年

③　実務上の留意点

　債権の基本的な時効期間については、主観的起算点による消滅時効期間が設けられたことにより、多くの債権は時効期間が短縮され、短期消滅時効が定められていた債権は時効期間が延長されるという変化が生じる。また、商事債権については、5年の商事債権の消滅時効を定める改正前商法522条は削除され、廃止されることになり、改正民法では主観的起算点から5年という消滅時効期間となる。その場合の時効期間5年という期間自体は基本的に現行の規定と変わらないものの、債務不履行に基づく損害賠償請求権等において主観的起算点と客観的起算点が異なることにより、従前とは異なる結論になることもある。このような時効期間の変更を踏まえ、帳票類の保管等を含めた時効管理体制につき留意する必要がある。

　また、たとえば、信用金庫などの協同組織金融機関の取引に関し

ては、個別取引ごとに商行為性の有無が異なり、民事債権が生じる
ケースもあるところ、改正民法により民事債権については一般的に
消滅時効期間が短縮されるため注意を要する。また、改正民法の施
行日前に債権が生じた場合（施行日以後に債権が生じた場合であって、
その原因である法律行為が施行日前にされたときを含む）におけるその
債権の消滅時効の期間については従前の例によるものとされている
ため（附則10条4項）、協同組織金融機関においては民法改正後も
当面、改正民法の適用を受けない債権については引き続き債権の消
滅時効期間を「5年」と「10年」に区別して管理するとともに、改
正民法の適用のある債権については消滅時効期間を「5年」として
管理することになるものと考えられる。

　なお、消滅時効期間の統一化が図られたのは民法に関してであり、
他の法律で定められている消滅時効については整備法により期間の
統一化が図られていないものが大半であるため注意を要する。

6　債権譲渡

(1)　債権の譲渡性とその制限

①　改正前民法

　改正前民法は、債権譲渡の自由を原則として認めた上で、「当事
者が反対の意思を表示した場合」（譲渡禁止特約）にはその譲渡性を

第5章　金銭消費貸借契約

喪失させることができると規定していた（改正前民466条1項本文・2項）。

　また、改正前民法の下では、譲渡禁止特約に反する債権譲渡の効力については、譲受人が譲渡禁止特約の存在について悪意または重過失であるときには、債権譲渡は無効となると解されてきた。

　さらに、改正前民法の下では、譲渡禁止特約付債権が譲渡された場合において、譲受人が悪意重過失であるかどうかを債務者が判断することができないときに、債権者不確知を原因として供託をすることができると定められていた（改正前民494条後段）。

②　改正民法

　改正民法は、「当事者が債権の譲渡を禁止し、又は制限する旨の意思表示」を「譲渡制限の意思表示」と規定し、譲渡制限の意思表示が存在しても債権譲渡の効力は妨げられないと規定した（改正民466条2項）。その上で、債務者は、譲渡制限の意思表示（以下「譲渡制限特約」という）がされたことにつき悪意または重過失の譲受人に対して、その債務の履行を拒むことができ、かつ、譲渡人に対する弁済その他の債務を消滅させる事由を対抗できることを明文化した（同条3項）。つまり、悪意または重過失の譲受人との関係では、債務者は、譲受人に対して債務を履行することもできるし、譲受人に債務の履行を拒んで、譲渡人に対して弁済・相殺を行い、その効力を譲受人に主張することもできることとなる。また、改正民法の条文では明記されていないが、譲渡制限特約が債権者を固定するという債務者の利益を考慮して締結される点に鑑みれば、譲受人が悪意または重過失であっても、債務者は譲渡制限特約の抗弁を放棄することも当然に可能であると解されている（潮見149頁）。

　また、改正民法の下では、譲渡制限特約の存在について悪意また

144

は重過失の譲受人に対する債権譲渡でも、債権譲渡自体は有効であり、譲受人が「債権者」となる。「債権者」である譲受人が債務者に対して履行請求をしても債務者から譲渡制限特約の抗弁を理由に履行拒絶がされ、他方、債務者が譲渡人に対する履行もしない場合に、このような閉塞状況を解消する規定が必要となる。そこで、改正民法では、債務者が債務を履行しない場合に、譲受人は、悪意または重過失であったとしても、債務者に対して譲渡人に対する支払を行うよう、相当期間を定めて催告をすることが認められ、それでも債務者による弁済がない場合には、譲受人は債務者に対して履行を請求することができることが明記された（改正民466条4項）。また、譲渡人について破産手続が開始された場合、第三者対抗要件を備えた譲受人（善意・悪意を問わないが、その金銭債権の全額を譲り受けた者に限られる）は、債務者に供託を請求することができることが明文化された（改正民466条の3）。この請求に基づく供託は、譲受人のみがその還付を請求することができるため（改正民466条の3後段において準用する改正民466条の2第3項）、譲受人は、債権の全額を回収することができることになる（一問一答168頁）。

　さらに、改正民法においては、譲渡制限の意思表示がされた金銭債権が譲渡されたときは、債務者は譲受人の善意・悪意に関係なく、譲渡された金銭債権の全額に相当する金銭を債務の履行地の供託所に供託することができることが定められた（改正民466条の2第1項）。この供託では、改正前民法における債権者不確知を理由とする供託と異なり、債務者の過失の有無は問題とならない。このような規定が設けられたのは、前述のとおり、譲渡制限の意思表示が存在しても債権譲渡の効力は妨げられず譲受人が「債権者」であることに疑義がないために、債権者不確知を理由とする供託ができないことを踏まえてのものである。

第 5 章　金銭消費貸借契約

③　実務上の留意点

　改正民法の下では、譲渡制限特約の存在について悪意または重過失の譲受人に対する債権譲渡でも、債権譲渡自体は有効であるとされた。譲受人が「債権者」となり債権の帰属主体が誰かという問題が生じないこととなった点が改正前民法とは大きく異なる。譲渡制限特約付きの債権の譲渡に関して何らかの取り決めをする際には、この点を念頭に置いて、契約書等の作成に当たる必要がある。

　また、譲渡制限特約付きの債権が譲渡された場合に、債務者が供託により弁済義務を免れることが容易になったことや、譲渡人について破産手続が開始された場合に、第三者対抗要件を備えた譲受人が債務者に供託を請求することができるようになった点については実務上の影響が大きいものと思料される。

(2)　異議をとどめない承諾による抗弁の切断

①　改正前民法

　改正前民法は、債務者が、異議をとどめないで債権譲渡を承諾したときは、譲渡人に対して主張できた事由（抗弁）を譲受人に主張できなくなる旨を定めていた（改正前民468条1項）。この「異議をとどめない承諾」は、異議がない旨を積極的に明示する必要はないと考えられてきたため、債権が譲渡されたことを認識した旨を債務者が通知しただけで抗弁の喪失という債務者にとって予期しない効果が生じ得ることになり、債務者の保護の観点から妥当ではないと指摘がなされていた。

146

②　改正民法

改正民法は、前述の指摘における問題意識を踏まえ、異議をとどめない承諾による抗弁切断の制度を廃止した（改正民 468 条）。このため、抗弁の切断が認められるためには、債務者が「抗弁放棄の意思表示」を明示的に行うことが必要となった。

③　実務上の留意点

改正民法においては、抗弁の切断のために債務者から「抗弁放棄の意思表示」を明示的に取得する必要がある。改正前民法の下でも、債務者からの協力を得られる債権譲渡取引では、債務者の承諾書に異議をとどめない旨を明記することがあったが、改正民法の下では、抗弁放棄の意思表示を積極的に明記する必要があることに留意する必要がある。抗弁放棄の範囲についても別途検討が必要である。

(3)　将来に発生する債権の譲渡

①　改正前民法

改正前民法には将来に発生する債権（将来債権）の債権譲渡に関する明文の規定が定められていなかったが、判例法理により、実務上、将来債権も譲渡の対象となるものと解されてきた（最判平成 11・1・29 民集 53 巻 1 号 151 頁）。

②　改正民法

改正民法は、将来債権も譲渡することが可能であることを明示し（改正民 466 条の 6 第 1 項）、将来債権譲渡においては債権が発生し

147

第 5 章　金銭消費貸借契約

たときに譲受人が当該債権を当然に取得するという判例法理（最判
平成 13・11・22 民集 55 巻 6 号 1056 頁、最判平成 19・2・15 民集 61 巻
1 号 243 頁）を明文化した（同条 2 項）。また、将来債権の譲渡後に
なされた譲渡制限特約の効力について、債務者対抗要件が具備され
る前に譲渡制限特約がなされた場合には、譲受人が譲渡制限特約の
存在について悪意であったとみなされることにより、債務者が譲受
人に対して特約の効力を主張できるものとした（同条 3 項）。

③　実務上の留意点

改正前民法においては、将来債権が譲渡され、第三者対抗要件が
具備された後で、譲渡人と債務者との間で譲渡禁止特約がされた場
合に、債務者が譲渡禁止特約を譲受人に対抗することができるか否
かについては、必ずしも見解が確立していないとされてきた（一問
一答 175 頁）。

改正民法は、債務者対抗要件が具備されるまでの間に譲渡制限特
約がなされた場合には、譲受人に対して特約を対抗することができ
ると規定し、この問題を解決した。譲受人としては、将来債権を譲
り受けて債務者対抗要件具備までに一定の期間を置く場合には、債
務者対抗要件具備までに譲渡制限特約が付されるリスクがあること
を考慮した上で、取引関係に入る必要がある。

148

<　契約書等サンプル　>

　以下では、金銭消費貸借契約書と金銭消費貸借に関連する債権譲渡通知書、債権譲渡承諾書、権利について協議を行う旨の合意書および協議続行拒絶通知書について、改正民法下におけるサンプルを掲載する。

金銭消費貸借契約書

　○○株式会社（以下「貸付人」という。）および○○株式会社（以下「借入人」という。）は、○年○月○日付で以下のとおり合意する（以下「本契約」という。）。

第1条（貸付）

　貸付人は、第3条各号記載の要件の充足を条件に、本契約に従い、○年○月○日（以下「実行日」という。）において、借入人に対し、○○銀行○○支店の○○預金口座（口座番号○○、口座名義○○）に入金する方法にて、金○○円を貸し付ける（以下「本貸付」という。）。

第2条（資金使途）

　借入人は、本貸付により調達した金員を○○として使用する。

第3条（貸付実行の前提条件）

　貸付人は、次の各号に定める条件が実行日においてすべて充足されることを条件に本貸付を実行する。ただし、貸付人は、これらの全部または一部を放棄することができる。

⑴　貸付不能事由（天災・戦争・テロ攻撃の勃発その他貸付人の

第5章 金銭消費貸借契約

　　実行が不可能となったと貸付人が判断するものをいう。）が生じ
　　ていないこと。
(2)　第11条各号記載の事項がいずれも真実かつ正確であること。
(3)　借入人が本契約の各条項に違反しておらず、また、実行日以
　　降においてかかる違反が生じるおそれのないこと。

第4条（借入人による解除）

　借入人は、本貸付の実行前に本契約を解除する場合、かかる解除
によって貸付人が受けた損害を賠償するものとする。

第5条（弁済）

　借入人は、本貸付の元本を、貸付人に対して、次の返済スケ
ジュールに従って、第10条の規定に従い支払う。ただし、当該弁済
日が営業日でない場合は翌営業日とし、かかる営業日が翌月となる
ときは前営業日とする。

元本弁済日	元本弁済金額
○年○月○日	○○○○円
○年○月○日	○○○○円
○年○月○日	○○○○円
○年○月○日	○○○○円
○年○月○日	○○○○円
○年○月○日	○○○○円

第6条（利息）

1　借入人は、各利払日（実行日の翌日以降から満期日までの期間
　における毎年○月、○月、および○月の○日（ただし、当該利払
　日が営業日でない場合は翌営業日とし、かかる営業日が翌月とな
　るときは前営業日）をいう。）に、貸付人の各利息計算期間（初回

は実行日から第1回利払日までの期間、第2回以降は、直前回の利払日の翌日から次回利払日までの各期間をいう。）における本貸付の元本金額に、年率○○％および利払日に対応する利息計算期間の実日数を乗じて算出した利息の合計額を、第10条の規定に従い支払う。

2　前項の利息の算出方法は、1年を365日とした日割計算とし、除算は最後に行い、1円未満は切り捨てる。

第7条（期限前弁済）

借入人は、[10]営業日前までの書面による通知を行うことにより、弁済期日前に本貸付の元本の全部または一部を弁済することができる。借入人による期限前弁済に際しては、弁済日に、当該弁済に係る元本および経過利息に加え、弁済日後に到来する最初の利払日までの期間に対応する、期限前弁済に係る元本額に係る「清算金」を支払うものとする。この「清算金」は、当該期限前弁済に係る元本額に、当該元本額を弁済日後に到来する最初の利払日まで再運用すると仮定した場合の利率として貸付人が合理的に決定した利率と前条第1項に定める適用利率の差および弁済日後に到来する最初の利払日までの期間の実日数を乗じて、［両端／後落しによる片端］および1年を［365／360］日とした日割計算により、算出する。

第8条（遅延損害金）

1　借入人は、貸付人に対する本契約上の債務の履行を遅滞した場合には、かかる履行を遅滞した債務（以下「履行遅滞債務」という。）を履行すべき日の翌日（同日を含む。）から履行遅滞債務のすべてを履行した日（同日を含む。）までの期間につき、履行遅滞債務の金額に、年率○○％を加算した割合を乗じて算出した遅延損害金を、直ちに、第10条の規定に従い支払う。

2　前項の遅延損害金の算出方法は、1年を365日とした日割計算とし、除算は最後に行い、1円未満は切り捨てる。

第5章　金銭消費貸借契約

第9条（諸経費および公租公課）

　本契約およびその変更、修正に関して発生するすべての費用、貸付人が本契約に基づき権利の確保および実行または義務の履行を行うに際して発生するすべての費用（弁護士費用を含む。）、ならびに本契約に関するすべての公租公課は、借入人の負担とし、貸付人がこれを借入人に代わって負担した場合には、借入人は、貸付人から請求を受け次第、直ちに、第10条の規定に従い支払う。

第10条（借入人の債務の履行）

1　借入人は、本契約上の債務を弁済するために、本契約上に弁済期日の定めのあるものは弁済期日までに、本契約上に弁済期日の定めのないものは貸付人から請求を受け次第直ちに、○○銀行○○支店の○○預金口座（口座番号○○、口座名義○○）へ振込む方法により元金および利息その他相当額を支払う。

2　前項に基づく借入人による支払は、以下の順序で充当される。

　⑴　本契約上借入人が負担すべきものとされる費用等のうち、第三者に支払うべきもの

　⑵　本契約上借入人が負担すべきものとされる費用等のうち、貸付人が借入人に代わって負担しているものおよびこれらの遅延損害金

　⑶　遅延損害金（第1号および前号に規定される遅延損害金を除く。）

　⑷　本貸付の利息

　⑸　本貸付の元本

第11条（借入人による表明および保証）

　借入人は、貸付人に対し、本契約の締結日および実行日において、次の各号に記載された事項が真実に相違ないことを表明および保証する。

　⑴　借入人は、日本法に準拠して適法に設立され、かつ、現在有

効に存続する株式会社であること。

(2) 借入人による本契約の締結および履行ならびにそれに基づく取引は、借入人の会社の目的の範囲内の行為であり、借入人はこれらについて法令等（本契約、本契約に基づく取引または本契約の当事者に適用される条約、法律、条例、政令、省令、規則、告示、判決、決定、仲裁判断、通達および関係当局の政策をいう。以下同じ。）および借入人の定款その他の社内規則において必要とされるすべての手続を完了していること。

(3) 借入人による本契約の締結および履行ならびにそれに基づく取引は、(a)借入人を拘束する法令等に反することはなく、(b)借入人の定款その他の社内規則に反することはなく、また、(c)借入人を当事者とする、または借入人もしくはその財産を拘束する第三者との契約に反するものではないこと。

(4) 借入人を代表して本契約に署名または記名押印する者は、法令等、定款、その他社内規則で必要とされる手続に基づき、借入人を代表して本契約に署名または記名押印する権限を付与されていること。

(5) 本契約は、借入人に対して適法で有効な拘束力を有し、その各条項に従い執行可能なものであること。

(6) 借入人が作成する報告書等（会社法第435条第2項に規定する計算書類および事業報告ならびにこれらの附属明細書、同法第441条第1項に規定する臨時計算書類、ならびに同法第444条第1項に規定する連結計算書類をいい、借入人が金融商品取引法第24条第1項に基づき有価証券報告書の提出義務を負う場合には、有価証券報告書、半期報告書、四半期報告書、臨時報告書、訂正報告書等の報告書をいう。以下同じ。）は、日本国において一般に公正妥当と認められている会計基準に照らして正確で、かつ、適法に作成されており、法令等により当該報告書等について監査を受ける義務がある場合については、必要な監査を受けていること。

第5章　金銭消費貸借契約

(7)　○年○月期決算終了以降、当該決算期に係る借入人が作成した報告書等に示された借入人の事業、財産または財政状態を低下させ、借入人の本契約に基づく義務の履行に重大な影響を与える可能性がある重要な変更は発生していないこと。

(8)　借入人に関して、本契約上の義務の履行に重大な悪影響を及ぼす、または及ぼす可能性のあるいかなる訴訟、仲裁、行政手続その他の紛争も開始されておらず、開始されるおそれのないこと。

(9)　第13条第1項各号または第2項各号に規定する事由が発生しておらず、または発生するおそれのないこと。

(10)　借入人は、以下のいずれにも該当しないこと。

　　ア　暴力団員等（暴力団、暴力団員、暴力団員でなくなった時から5年を経過しない者、暴力団準構成員、暴力団関係企業、総会屋等、社会運動等標ぼうゴロまたは、特殊知能暴力集団等、その他これらに準ずる者をいう。以下同じ。）

　　イ　その他の関係者
　　　(a)　暴力団員等が経営を支配していると認められる関係を有する者
　　　(b)　暴力団員等が経営に実質的に関与していると認められる関係を有する者
　　　(c)　自己、自社もしくは第三者の不正の利益を図る目的または第三者に損害を加える目的をもってするなど、不当に暴力団員等を利用していると認められる関係を有する者
　　　(d)　暴力団員等に対して資金等を提供し、または便宜を供与するなどの関与をしていると認められる関係を有する者
　　　(e)　役員または経営に実質的に関与している者が暴力団員等と社会的に非難されるべき関係を有する者

第12条（借入人の確約）

1　借入人は、本契約締結日以降、借入人が貸付人に対する本契約

上のすべての債務の履行を完了するまで、次の各号について自らの費用で行うことを確約する。

⑴　第13条第1項各号または第2項各号に規定する事由が発生した場合、または発生するおそれがある場合には、直ちにその旨を貸付人に報告すること。

⑵　報告書等を作成した場合は作成後速やかに、報告書等の写しおよび第4項に規定された事項の遵守状況を確認することができる書面を貸付人に提出すること、ならびに報告書等を、日本国において一般に公正妥当と認められている会計基準に照らして正確で、かつ、適法に作成し、法令等により当該報告書等について監査を受ける義務がある場合については、必要な監査を受けること。

⑶　貸付人が請求した場合は、借入人ならびにその子会社および関連会社（「子会社」および「関連会社」とは、それぞれ、財務諸表等の用語、様式及び作成方法に関する規則第8条に定義されたものをいう。以下同じ。）の財産、経営または業況について直ちに貸付人に報告し、また、それらについての調査に必要な便益を提供すること。

⑷　借入人ならびにその子会社および関連会社の財産、経営もしくは業況について重大な変化が発生した場合、または時間の経過によりかかる変化が発生するおそれがある場合、借入人に関して本契約上の義務の履行に重大な影響を及ぼす、もしくは及ぼす可能性のある訴訟、仲裁、行政手続その他の紛争が開始された場合、または開始されるおそれがある場合は、直ちにその旨を貸付人に報告すること。

⑸　前条各号の一つでも真実でないことが判明した場合には、直ちにその旨を貸付人に報告すること。

2　借入人は、本契約締結日以降、借入人が貸付人に対する本契約上のすべての債務の履行が完了するまで、貸付人が書面により事前に承諾しない限り、本契約に基づく債務を除く借入人または第

第5章　金銭消費貸借契約

三者の負担する債務のために担保提供を行わない。

3　借入人は、本契約締結日以降、借入人が貸付人に対する本契約
上のすべての債務の履行を完了するまで、次の各号を遵守するこ
とを確約する。

(1)　主たる事業を営むのに必要な許可等を維持し、すべての法令
等を遵守して事業を継続すること。

(2)　主たる事業内容を変更しないこと。

(3)　法令等による場合を除き、本契約に基づく一切の債務の支払
について他の無担保債務（担保付貸付のうち、担保の換価処分
後も回収不足となる債務を含む。）の支払に劣後させることなく、
少なくとも同順位に取り扱うこと。

(4)　貸付人の承諾がない限り、組織変更、合併、会社分割、株式
交換もしくは株式移転、その事業もしくは資産の全部もしくは
一部の第三者への譲渡、または第三者の重要な事業もしくは資
産の全部もしくは一部の譲受けのいずれも行わないこと。

(5)　暴力団員等または前条第10号イ(a)ないし(e)のいずれかに該当
する者とならないこと。

(6)　自らまたは第三者を利用して次のアないしオのいずれかに該
当する行為を行わないこと。

　　ア　暴力的な要求行為

　　イ　法的な責任を超えた不当な要求行為

　　ウ　取引に関して、脅迫的な言動をし、または暴力を用いる行
　　　為

　　エ　風説を流布し、偽計を用いまたは威力を用いて貸付人の信
　　　用を毀損し、または貸付人の業務を妨害する行為

　　オ　その他アないしエに準ずる行為

4　借入人は各年度の決算期および中間期の末日における連結貸借
対照表および単体の貸借対照表における純資産の部の金額を〇〇
円以上に維持することを確約する。

第 13 条（期限の利益喪失事由）

1　借入人について次の各号に定める事由が一つでも発生した場合には、貸付人からの通知催告等がなくとも、借入人は貸付人に対する本契約上のすべての債務について当然に期限の利益を失い、直ちに本貸付の元本、利息その他本契約に基づき借入人が支払義務を負担するすべての金員を第 10 条の規定に従い支払う。

⑴　支払の停止または破産手続開始、民事再生手続開始、会社更生手続開始、特別清算開始その他これに類する法的整理手続開始の申立て（日本国外における同様の申立てを含む。）があったとき。

⑵　解散の決議を行いまたは解散命令を受けたとき（合併に伴って解散する場合を除く。）。

⑶　事業を廃止したとき。

⑷　手形交換所の取引停止処分または株式会社全銀電子債権ネットワークによる取引停止処分もしくは他の電子債権記録機関によるこれと同等の措置を受けたとき。

⑸　貸付人に対して借入人が有する債権について仮差押え、保全差押えまたは差押えの命令もしくは通知（日本国外における同様の手続を含む。）が発送されたとき、または保全差押えもしくは差押えの命令に係る送達を命じる処分が行われたとき。

2　借入人について次の各号に定める事由が一つでも発生した場合には、貸付人の請求により、借入人は貸付人に対する本契約上のすべての債務について期限の利益を失い、直ちに本貸付の元本、利息その他本契約に基づき借入人が支払義務を負担するすべての金員を第 10 条の規定に従い支払う。

⑴　本契約上の債務か否かにかかわらず、借入人が貸付人に対する債務の全部または一部の履行を遅滞したとき。

⑵　第 11 条各号の一つでも真実でないことが判明したとき。

⑶　前二号を除き、借入人の本契約上の義務違反が発生したとき。ただし、かかる義務違反が解消可能なものである場合（前条第

第5章　金銭消費貸借契約

3項第5号または第6号の違反の場合を含まない。）には、かかる違反がその違反の日から〇営業日以上にわたって解消しないときに限る。

⑷　借入人が貸付人に差し入れている担保の目的物について仮差押え、保全差押え、差押えまたは仮処分の命令もしくは通知（日本国外における同様の手続を含む。）が発送されたときまたは競売手続の開始があったとき。

⑸　特定調停の申立てがあったとき。

⑹　借入人が発行する社債について期限の利益を喪失したとき。

⑺　借入人が本契約に基づく債務以外の債務の全部もしくは一部の履行を遅滞したときもしくはこれらの債務について期限の利益を喪失したとき、または第三者が負担する債務に対して借入人が行った保証債務につき、履行義務が発生したにもかかわらずその履行ができないとき。

⑻　事業を停止し、事業の停止・廃止を決定し、または所轄政府機関等から業務停止等の処分を受けたとき。

⑼　借入人が第一回目の不渡りを出し、または借入人に対する電子記録債権につき株式会社全銀電子債権ネットワークによる支払不能の登録が行われもしくは他の電子債権記録機関によるこれと同等の措置が行われたとき。

⑽　前各号を除き、借入人の事業もしくは財産の状態が悪化し、または悪化するおそれがあり、債権保全のために必要が認められるとき。

3　借入人の責めにより前項の貸付人からの請求の通知が遅延した場合、または到達しなかった場合には、通常到達すべき時点で借入人は本契約上のすべての債務について期限の利益を失い、直ちに本貸付の元本、利息その他本契約に基づき借入人が支払義務を負担するすべての金員を第10条の規定に従い支払う。

4　借入人は、借入人について第1項各号または第2項各号に規定する事由が発生したことを知ったときは、直ちにその旨を貸付人

に通知する。

第14条 （借入人による地位の譲渡等）

本契約において別段の定めがある場合を除き、借入人は、本契約上の地位または本契約上の権利もしくは義務の全部または一部を、貸付人の書面による事前の承諾なしに第三者に譲渡、移転、担保権の設定その他の方法により処分してはならない。

第15条 （貸付人による債権譲渡）

貸付人は、本契約に基づく本貸付およびその他一切の債権の全部または一部を第三者に譲渡することができるものとする。

第16条 （公正証書）

借入人は、貸付人が請求した場合には、直ちに公証人に委嘱して、本契約に基づく債務の承認および強制執行の認諾ある公正証書の作成に必要な手続をとるものとする。

<注記>

1　第3条について

民法改正により、諾成契約としての金銭消費貸借契約が締結された場合、貸付の実行前であっても貸主の「貸す義務」（借主の「借りる権利」）が発生することが明確となったこと（改正民587条の2第1項）を踏まえ、貸主としては、貸付の実行の前提条件を定めておくことが考えられる。実行の前提条件としては、たとえば、実行日において(i)不可抗力により貸付の実行が不可能となる事由が生じていないこと、(ii)（借主に期限の利益喪失事由が生じていないことを含め）借主が表明保証した事項が真実かつ正確であること、(iii)借入人が契約の各条項に違反しておらず、また、実行日以降においてかかる違反が生じるおそれのないことなどが

第 5 章　金銭消費貸借契約

考えられる。

　なお、本サンプルを前提とした場合、貸付の実行前に借主の「借りる権利」が差し押さえられた場合には、借主が表明保証した事項（本契約書11条9号、13条1項5号）が真実かつ正確ではなかったことになり、実行の前提条件（本契約書3条2号）を充たさないこととなる。また、借主が貸付の実行前に借主の「借りる権利」を第三者に譲渡した場合には、本契約14条違反となり、実行の前提条件（本契約書3条3号）を充たさないこととなる。

2　第4条について

　民法改正により、諾成契約としての金銭消費貸借契約については、借主は貸付の実行前であればこれを解除できることとされた（改正民587条の2第2項前段）。この特別の解除権は、強行規定であると解され（一問一答294頁）、この解除権を制限する特約は無効となる可能性があることに注意が必要である。なお、解除による貸付人の損害の賠償（同項後段）について、損害賠償額の予定の合意をしておくことも考えられる。ただし、この額が過大な場合には無効とされる可能性があることは本章 2 (3)②のとおりである。

3　第6条について

　貸主が利息を請求するためには特約が必要である（改正民589条1項）。

4　第7条について

　改正民法では、消費貸借の借主がいつでも目的物を返還することができるという改正前民法591条2項の定めに、「返還時期の定めの有無にかかわらず」、という文言を追記して、当事者間の返還時期の定めの有無にかかわらずいつでも目的物を返還することができることが明確化された（改正民591条2項）。本サンプルでは、期限前弁済の可否に関しては、民法の原則どおりに、借主が任意に期限前弁済をすることができることを前提とした規定としているが、上記の民法の原則を修正し、期限前弁

済について貸主の承諾を必要とする旨を規定することも考えられる。

また、改正民法では、借主が合意された返還時期の前に返還したことによって貸主が損害を受けたときは、貸主は、借主に対し、その賠償を請求することができる旨の規定が新設された（改正民591条3項）。本サンプルでは、期限前弁済された元本額に、次回利払日までの再運用利率と適用利率の差を乗じた額を、貸主の損害と構成して清算金の支払義務を規定しているが、貸主が、金融機関のように、弁済された資金を他の貸付に回すなどして再運用ができるかどうかや、借主に返済期限までの利息相当額を支払ってもらう代わりとして利率が低く抑えられていたか、などの事情の有無により、期限前弁済の際に認められる損害賠償額は変わりうる（一問一答300頁参照）。

5　第16条について

民事執行法22条5号により、金銭の一定の額の支払を目的とする請求について、債務者（借入人）の強制執行認諾文言付の公正証書は、「債務名義」としての効力が認められ、民事訴訟を提起して判決を得なくとも、債務者に対する強制執行を行うことが認められる。借入人の信用力が高いとはいえない場合で、債務不履行が生じてから訴訟を提起したのでは強制執行による債権回収が遅きに失することが懸念される場合には、貸付時または貸付後速やかに、執行認諾文言付の公正証書により「債務名義」を取得しておくべきである。

債権譲渡通知書

年　　　月　　　日

□□株式会社【債務者】　御中

（所在地）
○○株式会社【譲渡人】

第5章　金銭消費貸借契約

代表取締役　　○○○○

（所在地）

△△株式会社【譲受人】

代表取締役　　○○○○

　○○株式会社（以下「譲渡人」といいます。）は、譲渡人と△△株式会社（以下「譲受人」といいます。）との間の○年○月○日付債権譲渡契約に基づき、譲渡人が貴社に対して有する下記債権ならびにこれに対する利息債権および遅延損害金債権を、譲受人に対し、○○年○○月○○日付で譲渡しましたので通知いたします。

記

（譲渡債権の表示）

債権の内容　　○年○月○日付金銭消費貸借契約に基づく貸金返
　　　　　　　還請求権［の残金］

金　　　額　　○○円（○年○月○日現在）

弁済期日　　　○年○月○日

以上

```
┌─────────────────────┐
│　　　　確定日付欄　　　　│
│　　　　　　　　　　　　　│
│　　　　　　　　　　　　　│
│　　　　　　　　　　　　　│
└─────────────────────┘
```


<注記>　確定日付について

　債権譲渡の通知または承諾は、確定日付のある証書によってしなければ債務者以外の第三者に対抗することができない（民467条2項）。した

162

がって、実務上は、債権譲渡の通知または承諾を確定日付のある証書によって実施している。証書に確定日付を付する方法は民法施行法5条1項各号で規定されており、利用することが多いのは、2号の公証人による日付ある印章の押印、および6号の内容証明郵便である。本雛形では、通知書および承諾書のいずれも、公証人による日付ある印章の押印を受けることを想定して、確定日付用の押印欄を設けている。

債権譲渡承諾書

　　　　　　　　　　　　　　　　　　　　　　　年　　　月　　　日

○○株式会社【譲渡人】　御中
△△株式会社【譲受人】　御中

　　　　　　　　　　　　（所在地）
　　　　　　　　　　　　□□株式会社【債務者】
　　　　　　　　　　　　代表取締役　　○○○○

　当社は、○○株式会社（以下「譲渡人」といいます。）が、△△株式会社（以下「譲受人」といいます。）との間の○年○月○日付債権譲渡契約に基づき、譲渡人が当社に対して有する下記債権ならびにこれに対する利息債権および遅延損害金債権を、譲受人に対し、○○年○○月○○日付けで譲渡することを承諾し、譲渡債権に関して譲渡人に対して有する一切の抗弁を放棄し、これを譲受人に対して主張いたしません。

　　　　　　　　　　　　　記

（譲渡債権の表示）
　債権の内容　○年○月○日付金銭消費貸借契約に基づく貸金返
　　　　　　　還請求権［の残金］

第5章　金銭消費貸借契約

　　金　　額　　○○円（○年○月○日現在）
　　支払期日　　○年○月○日

　　　　　　　　　　　　　　　　　　　　　　　　　　　以上

```
┌─────────────────────────────┐
│         確定日付欄           │
│                             │
│                             │
│                             │
└─────────────────────────────┘
```

＜注記＞　異議なき承諾について

　「異議なき承諾」の規定は削除されたが、債務者がその意思表示により抗弁を放棄することは、明文規定がないものの有効であると解されているため（部会資料74A・11頁、潮見160頁）、本承諾書でも記載している。

権利について協議を行う旨の合意書

　債権者○○株式会社（以下「甲」という。）および債務者○○株式会社（以下「乙」という。）は、下記債権について、［本合意の日から○か月間］民法第151条第1項に基づく権利についての協議を行う旨の合意をした。

（債権の表示）
　甲の乙に対する金銭消費貸借契約に基づく下記貸金返還請求権およびこれに付帯する一切の債権
　　（譲渡債権の表示）
　　債権の内容　　○年○月○日付金銭消費貸借契約に基づく貸金返
　　　　　　　　　還請求権［の残金］

金　　額　　○○円（○年○月○日現在）

　弁済期日　　○年○月○日

　この合意の成立の証として、本合意書 2 通を作成し、各 1 通ずつ保有するものとする。

　○年○月○日

　　　　　　　　　甲　　所在地
　　　　　　　　　　　　○○株式会社
　　　　　　　　　　　　代表取締役　○○　○○　　　印

　　　　　　　　　乙　　所在地
　　　　　　　　　　　　○○株式会社
　　　　　　　　　　　　代表取締役　○○　○○　　　印

＜注記＞

1　協議を行う期間について

　協議を行う期間は 1 年に満たない期間に限られ、これを定めない場合は 1 年間である（改正民 151 条 1 項 1 号・2 号）。

2　合意の形式について

　権利について協議を行う旨の合意は、書面または電磁的記録で行う必要がある（改正民 151 条 1 項・4 項）。

協議続行拒絶通知書

　　　　　　　　　　　　　　　　　　　　年　　　月　　　日

○○株式会社　御中

第5章　金銭消費貸借契約

　　　　　　　　　　　　　　　所在地
　　　　　　　　　　　　　　　○○株式会社
　　　　　　　　　　　　　　　代表取締役　　○○○○

　当社は、貴社との間で行っている下記債権に関する民法第151条
第1項に基づく権利についての協議の続行を拒絶いたしますので、
これを通知いたします。

　　　　　　　　　　　　　　記

（債権の表示）
　［当社／貴社］の［貴社／当社］に対する金銭消費貸借契約に基づ
く下記貸金返還請求権およびこれに付帯する一切の債権
　　（譲渡債権の表示）
　　債権の内容　　○年○月○日付金銭消費貸借契約に基づく貸金返
　　　　　　　　　還請求権［の残金］
　　金　　　額　　○○円（○年○月○日現在）
　　弁済期日　　　○年○月○日
　　　　　　　　　　　　　　　　　　　　　　　　　　　　以上

＜注記＞

1　通知について
本通知は、改正民法151条1項3号に基づく通知である。

2　通知の効果について
　通知の効果は、①合意の日から1年を経過した時（合意において1年
に満たない協議期間を定めた時はその時）が、②本通知（の到達日）か
ら6か月を経過した時よりも先に来る場合には、時効完成猶予の末日は
①の日になるので、留意を要する（改正民151条1項）。

166

第6章

保証契約

第6章　保証契約

1　改正の概要

　本章では、保証契約に関する事項について解説する。改正民法で
は保証契約に関する事項として、(i)個人保証の制限（事業性借入れ
を対象とする保証の公正証書ルール）、(ii)主債務者の情報提供義務、
(iii)債権者の情報提供義務、(iv)貸金等根保証に関する規律の個人根
保証への拡大、(v)連帯保証人について生じた事由の効力（相対効
化）等に関する改正が行われた。

　以下、概要を説明するとともに、民法改正に対応した実務上の留
意点と契約条項を紹介する。

2 個人保証の制限

2　個人保証の制限

[個人保証の制限（改正民465条の6第1項）]

要件		効果
(1)	主債務が事業のために負担する賃金等債務である保証契約であること、または、主債務の範囲に事業のために負担する貸金等債務が含まれる根保証契約であること	→ ・保証契約は無効となる。
(2)	保証人予定者が、保証契約の締結日前1か月以内に、公正証書で保証債務を履行する意思を表示していないこと	
(3)	個人が保証人であること	
(4)	保証人が、主債務者の経営者（理事、取締役、執行役等）、支配株主、共同事業者、事業専従配偶者ではないこと	

(1)　改正前民法

　改正前民法は、保証人が個人であるか法人であるかを問わず、保証契約は書面（または電磁的記録）でしなければ効力を生じないとして、要式行為としての書面性を要求していた（民446条2項および3項）。しかし、かかる書面性以外には、保証人の意思表示に関する要式は要求されていなかった。

第 6 章　保証契約

(2)　改正民法

　改正民法は、個人が事業のために負担する貸金等債務（金銭の貸渡しまたは手形の割引を受けることによって負担する債務をいい（民465条の3第1項参照）、以下、事業のために負担する貸金等債務を、事業性借入れや、事業のための借入れ、と称することがある）を主たる債務とする個人保証契約や個人根保証契約は、保証人となろうとする者が当該保証契約の締結日前1か月以内に、公正証書で「保証債務を履行する意思」を表示しなければ、原則として無効とする旨を新設した（改正民465条の6第1項。以下、かかるルールを、「公正証書ルール」と略称することがある）。公正証書で「保証債務を履行する意思」を表示する手続については、公証人への口授（改正民465条の6第2項1号）、公証人による保証人となろうとする者の口述筆記・同人への読み聞かせまたは閲覧（同項2号）、保証人となろうとする者が筆記の正確性を承認した後の署名押印（同項3号）といった所定の手続を経る必要がある。上記改正の趣旨は、個人保証が往々にして保証人の生活の破たんをもたらす等社会的弊害があることから、安易な個人保証を防止する点にあるとされている。

　なお、改正民法の施行日は原則として平成32年（2020年）4月1日であるが、公正証書の作成の嘱託は同年3月1日より行うことが可能である（附則21条、改正民法施行期日政令）。

　公正証書のイメージは、以下のようなものとなると想定される。

170

2 個人保証の制限

○年第○号

保証債務履行意思表示公正証書

本職は、後記保証人予定者○○（以下「甲」という。）の嘱託により、以下のとおり保証債務の履行にかかる事項の口述を筆記し、この証書を作成する。

甲は、下記の債務について、主たる債務者がその債務を履行しないときには、その債務の全額について履行する意思を有している。〔注：この一文について、連帯保証の場合、単純根保証の場合および連帯根保証の場合については、それぞれ変更が必要となる。各々の文例は、後記＊による各注記を参照されたい。〕

記

債権者	○○
債務者	○○
元　本	○円
利　息	年○％
違約金	○円
遅延損害金	年○％

〔注：遅延損害金以外の損害賠償に関する定めがあればその内容を記載する〕

＊連帯保証の場合

甲は、下記の債務について、主たる債務者がその債務を履行しないときには、債権者が主たる債務者に対して催告をしたかどうか、

第6章　保証契約

主たる債務者がその債務を履行することができるかどうか、または
他に保証人があるかどうかにかかわらず、その債務の全額について
履行する意思を有している。

（契約内容省略）

＊単純根保証の場合

　甲は、下記の債務について、主たる債務者がその債務を履行しな
いときには、極度額の限度において元本確定期日または民法第465
条の4第1項各号もしくは第2項各号に掲げる事由その他の元本を
確定すべき事由が生ずる時までに生ずべき主たる債務の元本および
主たる債務に関する利息、違約金、損害賠償その他その債務に従た
るすべてのものの全額について履行する意思を有している。

　　　　　　　　　　　　　　　記
　　　　　　債権者　　　　　　○○
　　　　　　債務者　　　　　　○○
　　　　　　主たる債務の範囲　債権者と債務者の間の○年○月○
　　　　　　　　　　　　　　　日付売買基本契約書に基づく売買
　　　　　　　　　　　　　　　代金債務
　　　　　　極度額　　　　　　○円
　　　　　　元本確定期日　　　○年○月○日
　　　　　　利息　　　　　　　年○％
　　　　　　違約金　　　　　　○円
　　　　　　遅延損害金　　　　年○％

＊連帯根保証の場合

> 　甲は、下記の債務について、主たる債務者がその債務を履行しないときには、債権者が主たる債務者に対して催告をしたかどうか、主たる債務者がその債務を履行することができるかどうか、または他に保証人があるかどうかにかかわらず、極度額の限度において元本確定期日または民法第465条の4第1項各号もしくは第2項各号に掲げる事由その他の元本を確定すべき事由が生ずる時までに生ずべき主たる債務の元本および主たる債務に関する利息、違約金、損害賠償その他その債務に従たるすべてのものの全額について履行する意思を有している。
>
> 　　　　　　　　　　（契約内容省略）

　また、公正証書ルールが適用されない場合として、いわゆる経営者保証の例外がある。すなわち、主債務者が法人である場合の経営者（取締役、執行役等）・オーナー（議決権過半数保有株主）や、個人事業者である主債務者の共同事業者・事業従事配偶者が保証人になる場合（いわゆる経営者保証の場合）は、上記の公正証書の手続を経ることなくこれらの者が個人保証や個人根保証を行うことができる（改正民465条の9）。上記例外の趣旨は、いわゆる経営者保証を行う者は法人の経営の状態について認識しており保証によるリスクを把握できる立場にいること、他方で、経営者保証が企業の信用補完の手段として現実に多用されていることに鑑み、個人保証の活用を過度に阻害しない点にあるとされる。

　具体的に、公正証書作成を要しない例外の範囲は以下のとおりである（改正民465条の9）。

第6章　保証契約

> 1　主たる債務者が法人である場合のその理事、取締役、執行役ま
> 　たはこれらに準ずる者
> 2　主たる債務者が法人である場合の次に掲げる者
> 　①　主たる債務者の総株主の議決権（株主総会において決議をす
> 　　ることができる事項の全部につき議決権を行使することができ
> 　　ない株式についての議決権を除く。以下同じ）の過半数を有す
> 　　る者
> 　②　主たる債務者の総株主の議決権の過半数を他の株式会社が有
> 　　する場合における当該他の株式会社の総株主の議決権の過半数
> 　　を有する者
> 　③　主たる債務者の総株主の議決権の過半数を他の株式会社およ
> 　　び当該他の株式会社の総株主の議決権の過半数を有する者が有
> 　　する場合における当該他の株式会社の総株主の議決権の過半数
> 　　を有する者
> 　④　株式会社以外の法人が主たる債務者である場合における上記
> 　　①、②または③に掲げる者に準ずる者
> 3　主たる債務者（法人であるものを除く。以下同じ）と共同して
> 　事業を行う者または主たる債務者が行う事業に現に従事している
> 　主たる債務者の配偶者

(3)　実務上の留意点

　改正民法において公正証書ルールが導入されたが、その具体的な
運用につき、実務上の留意点について以下論ずる。

①　「事業のため」の借入れの意義

　前述のとおり、事業性資金の借入れに係る個人保証については公

正証書ルールが適用される。そこで、「事業のため」（改正民 465 条の 6 第 1 項）の意義が問題となる。

「事業」とは、一定の目的をもってされる同種の行為の反復的継続的遂行を意味すると解されているが（一問一答 147 頁）、改正民法においては「事業」についての定義がないため、その該当性については個別事案ごとに検討する必要がある。

たとえば、主債務者の居住用建物に係るローン（居住用建物の建築・購入に係る資金の借入れ）については、「一定の目的をもってされる同種の行為の反復的継続的遂行」には該当せず、「事業のため」の借入れに該当しないものと解される（一問一答 147 頁）。

他方で、主債務者が賃貸用アパートの建設費用等を借り入れる、いわゆるアパートローンについては、「事業のため」の借入れに該当すると解されるが（一問一答 148 頁）、個別事案に応じた判断が必要になる場合もあろう。

また、いわゆるカードローンについては、使途を確認しないものもあるため、「事業のため」の借入れに該当しないかが問題となる。この点、現在の実務上、金銭の貸付を業として行う銀行（銀行法 10 条 1 項 2 号）、保険会社（保険業法 97 条 2 項、保険業法施行規則 47 条 5 号）、貸金業者（貸金業法 2 条 2 項、3 条）は、犯罪による収益の移転防止に関する法律（犯罪収益移転防止法）上の特定事業者（同法 2 条 2 項）に該当し、貸付を行うに際しては、取引を行う目的のほか、借入人が自然人の場合は職業を、法人の場合は事業内容を確認する必要があるところ（同法 4 条 1 項）、かかる犯罪収益移転防止法による確認の内容が、改正民法下における「事業のため」か否かの確認として十分であるか否かが問題となる。この点、金融庁が公表する「犯罪収益移転防止法に関する留意事項について」は、確認すべき取引の目的につき、「融資」で足りるとしており、「事業のため」の

第6章　保証契約

借入れであるか否かの確認は求められていない。そこで、同留意事
項に準拠した確認をしている特定事業者については、これに加えて、
事業性、非事業性の区別を確認する対応を行うことも考えられる。

　その他、契約書において借入人や保証人について借入金が事業目
的のものでないことの表明・保証や、借入金を事業のために用いな
いことの誓約（コベナンツ）を盛り込むこと、また、借入人や保証
人からかかる事項を記載した書面（たとえば、以下のような書式の
「確認書」）を徴求すること等も考えられよう。なお、事業のために
負担したかどうかは、借主がその貸金等債務を負担した時点で定ま
る（一問一答149頁）。したがって、資金使途として事業目的以外を
想定して貸し付けられた金銭が、実際には事業のために用いられた
ような場合には、貸付契約や保証契約上、借入金の資金使途が非事
業性の用途に限定されていたか否か等の事情によって、「事業のた
め」の借入れであるか否かの判断が影響を受ける可能性もある。

確認書

　私（主債務者）が借り入れた債務の資金使途は、○○であり、私
の営む事業のために借り入れているわけではありません。
　私は、保証人○○と共に、上記事実について本書をもって確認い
たします。

---

②　契約締結後の条件変更と公正証書ルール

　当初の公正証書作成の後、貸付実行までの期間中や、貸付実行後
に、主債務や保証契約の条件が変更される場合、変更時点において
公正証書ルールを充足しなければならないかどうかが問題となる。

この点、一般論としては、少なくとも保証人に対して実質的に不利益となる変更の場合には、公正証書要件を充足しなければならないと考えておくのが穏当であるとの指摘もあるが（青山大樹編著『条文から分かる民法改正の要点と企業法務への影響』（中央経済社、2015 年）140 頁）、現時点で定まった理解があるとはいえず、今後の議論を注視する必要がある。

なお、仮に上記のように、不利益となる変更に関してのみ公正証書要件を充足しなければならないとの見解によったとしても、たとえば固定利率と変動利率の切り替え等の、利益とも不利益ともいえない変更に関しては判断が難しいことから、このような場合には公正証書ルールに従うこととしつつ、公正証書の内容としても、保証人が条件変更によるリスクを認識できるだけの具体的な記載とすることが実務上は妥当であろう。

③　経営者保証の例外の範囲

公正証書ルールの例外であるいわゆる経営者保証の具体的範囲については改正民法 465 条の 9 が定めているが、具体的場面での当てはめについては、慎重に検討する必要がある。

たとえば、「主たる債務者が法人である場合のその理事、取締役、執行役又はこれらに準ずる者」が掲げられているが、「これらに準ずる者」とは、株式会社や一般社団法人以外の各種の法人において、理事、取締役等と同様に、法律上正式に法人の重要な業務執行を決定する機関またはその構成員の地位にある者を意味すると解されている（一問一答 153 頁）。

また、主たる債務者が法人ではない場合、「共同して事業を行う者」または「主たる債務者が行う事業に現に従事している主たる債務者の配偶者」が経営者保証の例外として定められている。この点、

第 6 章　保証契約

「共同して事業を行う」とは、組合契約など事業を共同で行う契約などが存在し、それぞれが事業の遂行に関与する権利を有するとともに、その事業によって生じた利益の分配がされるなど事業の成功・失敗に直接的な利害関係を有する場合を指すと解されている（一問一答 154 頁）。

④　金融機関に関する行政的規制

金融機関については、民法のほか、従前より存在する、金融庁の監督指針、経営者保証ガイドラインが改正民法下においても引き続き適用されるか、適用されるとして変更がないかについては、注意を要する。

3　保証契約締結時の主債務者の情報提供義務

[主債務者の情報提供義務（同義務違反に係る保証契約の取消し）（改正民 465 条の 10）]

要件		効果
(1)	主債務者が、事業のために負担する債務を主債務とする保証または主債務の範囲に事業のために負担する債務が含まれる根保証を委託すること →	・保証人が保証契約を取り消すことができる。
(2)	主債務者が、委託を受ける者（保証受託者）に対し、以下の事項の情報を提供していないこと、または、事実と異なる情	

178

3 保証契約締結時の主債務者の情報提供義務

	報を提供したために保証受託者が当該事項について誤認をし、それによって保証の意思表示をしたこと ① 主債務者の財産および収支の状況 ② 主債務以外に負担している債務の有無・額・履行状況 ③ 主債務の担保として他に提供し、または提供しようとするものがあるときは、その旨・内容	
(3)	主債務者が情報を提供せず、または事実と異なる情報を提供したことを債権者が知りまたは知ることができたこと	
(4)	保証受託者が個人であること	

(1)　改正前民法

　改正前民法の下では、保証契約締結時の保証人に対する情報提供に関する明文の規定は存在しなかった。

(2)　改正民法

①　主債務者の情報提供義務の内容

　改正民法の下では、主債務者から保証人予定者に対する保証契約締結時の情報提供義務が新たに設けられた。すなわち、主債務者が、事業目的の債務を主債務とする保証、主債務の範囲に事業目的の債務が含まれる根保証の委託をするときは、委託を受ける者（以下「保証受託者」という）に対し、(i)財産および収支の状況、(ii)主債務以外に負担している債務の有無・額・履行状況、(iii)主債務の担

179

第6章　保証契約

保として他に提供し、または提供しようとするものがあるときは、その旨・内容について、情報を提供しなければならないものとされる（改正民465条の10第1項）。

上記ルールは、保証人予定者が法人である場合には適用しないものとされているが（改正民465条の10第3項）、公正証書ルールとは異なり取締役・支配株主・共同事業者・配偶者等に対する例外は設けられていない（情報提供が必要になる）ことに注意を要する。

また、情報提供義務が課せられる保証・根保証の要件は、事業のために負担する「債務」を対象とする保証・根保証とされており、公正証書ルールが適用される、事業のために負担した「貸金等債務」に比して拡張されている。したがって、たとえば、事業目的で建物を賃借する場合や機械・設備等のリースを行う場合の主債務者（保証委託者）・保証人（保証受託者）に対しても適用されるため、この点も注意が必要となる。

主債務者が保証人に対して情報提供を行う際に使用するペーパーのイメージは、以下のようなものとなることが想定される。

主たる債務者○○（以下「甲」という。）は、事業のために負担する債務を主たる債務とする保証を保証人○○（以下「乙」という。）に委託するに当たり、乙に対し、甲に関する以下の情報を提供する。

1　財産および収支の状況（法人の場合）
　○年○月○日時点において甲が所有する主な財産、○年○月○日から○年○月○日までの甲の収支の状況は、別添の決算書のとおりである。

　甲の財産および収支の状況を証する資料として、甲は、過去2期分の決算書、法人税、事業税、住民税等の納税証明書を乙に提供す

3　保証契約締結時の主債務者の情報提供義務

る。〔注：法文上義務付けられてはいないが、財産および収支の状況を証する資料を提供することも考えられる。以下で資料を提供することとしている箇所についても、同様の趣旨によるものである。〕

1　財産および収支の状況（個人の場合）

　○年○月○日時点において甲が所有する主な財産は、別紙記載の不動産（固定資産税評価額計○○円）、株式（時価／簿価計○○円）、預貯金（残高計○○円）および○○（時価／簿価計○○円）である。

　○年○月○日から○年○月○日までの甲の収支の状況は、別添の確定申告書のとおりである。

　甲の財産および収支の状況を証する資料として、甲は、過去2期分の確定申告書、所得税、事業税、住民税等の納税証明書を乙に提供する。

2　主たる債務以外に負担している債務の有無ならびにその額および履行状況

　甲は、主たる債務以外に、

⑴　○年○月○日時点で債権者○○に対して○円の債務を

⑵　○年○月○日時点で債権者○○に対して○円の債務を負っている。

　　⑴の債務については、○年○月○日の債務発生時より一度も履行遅滞に陥ることなく期限どおりの弁済を継続している。

　　⑵の債務については、○年○月○日の債務発生時より、○年○月○日に弁済期を迎えた○円について履行遅滞に陥ったものの、○年○月○日付で履行遅滞を解消しており、以後は期限どおりの弁済を継続している。

3　主たる債務の担保として他に提供し、または提供しようとする

181

第6章　保証契約

もの

　甲は、主たる債務について、以下の財産を担保に供している。

⑴　土地　所在：○○　地番：○○　地目：○○　地積：○○

　　　時価／簿価：○円

　主たる債務に係る担保を証する資料として、甲は、登記事項証明書を乙に提供する。

別紙

甲が所有する主な財産

1　不動産

⑴　土地

　ア　所　　在：

　　　地　　番：

　　　地　　目：

　　　地　　積：

　固定資産税評価額：

⑵　建物

　ア　所　　在：

　　　家屋番号：

　　　種　　類：

　　　構　　造：

　　　床面積：

　固定資産税評価額：

3　保証契約締結時の主債務者の情報提供義務

```
 2  株式
 (1)  ○○株式会社（○○株、時価／簿価○○円）


 3  預貯金
 (1)  ○○銀行（預金残高○○円、投資信託残高○○円）


 4  その他
 (1)  ○○（時価／簿価○○円）
```

②　主債務者による情報提供義務違反の効果——保証人による取消権

改正民法の下では、主債務者が必要事項についての情報を提供せず、または事実と異なる情報を提供したために保証受託者が当該事項について誤認をし、それによって保証の意思表示をした場合、主債務者が情報を提供せず、または事実と異なる情報を提供したことを債権者が知りまたは知ることができたときには、保証人は、保証契約を取り消すことができることが定められた（改正民465条の10第2項）。

(3)　実務上の留意点

改正民法において、保証契約締結時の主債務者の情報提供義務が導入されたが、その具体的な運用にかかる実務上の留意点について以下論ずる。

①　保証人による取消権

保証人による取消権（改正民465条の10第2項）は、債権者に

第6章　保証契約

とっては人的担保たる保証を失うという重大な不利益をもたらすものである。よって、特に根保証や段階的な貸付の場合で説明の不実施や誤りが判明したときには、その後の貸付について一度取り止めた上で、保証人への意思確認を行う等の対応をとるべきこととなろう。

②　債権者による保証人予定者に対する情報提供の要否

　保証契約締結時の保証人予定者に対する情報提供義務は、「主債務者の義務」であり、債権者の義務ではない。よって、債権者が保証人予定者に対して情報提供を行うことは要しない。

　しかし、主債務者が、事実と異なる情報を提供していたことを債権者が知り、かつ知らないことについて過失があったような場合で、保証人がこれにかかわらず保証債務の履行を行ったときには、状況によっては保証人に対して不法行為に基づく損害賠償責任を負い、主債務者による情報提供義務の懈怠によって生じた損害の賠償を請求される事態があり得るため、注意が必要である。

　なお、債権者が金融機関である場合、金融庁の監督指針（主要行等向けの総合的な監督指針（平成30年2月）Ⅲ-3-3-1-2(2)、中小・地域金融機関向けの総合的な監督指針（平成30年2月）Ⅱ-3-2-1-2(2)ほか）との関係で、「個人保証については、保証債務を負担するという意思を形成するだけでなく、その保証債務が実行されることによって自らが負担することを受容する意思を形成するに足る説明」や、契約締結時点において商品または取引の内容およびリスク等に係る説明を行い、契約の意思形成のために、顧客の十分な理解を得ることを目的として、必要な情報を的確に提供する必要がある。よって、民法上の義務の存否にかかわらず、金融機関としては、一定の説明および情報提供をすべきことが求められている。金融機関が、監督指針の要請に反して情報提供を怠った場合、直ちに何らかの民法上

の義務の懈怠を意味するものではないものの、主債務者の保証人に対する情報提供の如何とは別途、不法行為ないし債務不履行責任を理由とする請求を受けることはあり得るので、注意を要する。

③　債権者における情報提供義務の履践状況の確認

同制度は主債務者が保証人にいかなる情報提供をしたのか（あるいは、情報提供をしなかったのか）を保証人に対して照会したり、調査をしたりする義務を債権者に課するものではないものとされている（潮見佳男『新債権総論Ⅱ』（信山社、2017年）781頁、中村弘明「保証債務（その2）」金法2016号（2015年）29頁）。もっとも、前述のとおり、法人以外を保証人とする場合において、主債務者には契約締結時の情報提供義務が課され、これがなされない場合には保証契約が取り消され得ることから、債権者としては、主債務者による情報提供義務の履践の状況について確認することが重要となる。今後は、改正民法の施行に向けて債権者がどのような方法で情報提供義務の履践の状況について確認するかの実務が形成されていくものと思われる。

また、保証契約締結時の主債務者の情報提供義務については、事業のために負担する債務全般を対象とする保証・根保証に課せられることになり、たとえば、事業目的で建物を賃借する場合の主債務者・保証人に対しても適用されることになることから、賃貸人としても、対応に留意する必要がある。具体的には、不動産賃貸に関して、事後的な用途違反が発覚した場合、たとえば、居住用途での賃貸借契約の締結に対して自宅兼事務所として使用していたような場合の対応について問題となり得る。このような場合には、主債務者からの情報提供の不実施により保証契約が取り消され得る以上、これを前提とした解除についても検討の必要が生じる。

第6章　保証契約

4　保証契約締結後の債権者の情報提供義務

[保証契約締結後の債権者の情報提供義務（同義務違反）（保証人の請求時）（改正民458条の2）]

要件		効果
(1)	保証人が主債務者の委託を受けて保証をした場合において、保証人の請求があったこと*	・効果についての明文の規定はなし。
(2)	債権者が保証人に対し、遅滞なく、主債務の元本・利息・違約金・損害賠償その他その債務に従たるすべてのものについての不履行の有無・残額とそのうち弁済期が到来しているものの額に関する情報を提供しないこと	・債務不履行一般の規律（改正民415条）に基づき損害賠償責任を負うことが考えられる。

＊保証人は個人、法人を問わない。

186

4　保証契約締結後の債権者の情報提供義務

［保証契約締結後の債権者の情報提供義務（同義務違反）（期限の利益喪失時）（改正民 458 条の 3）］

要件		効果
(1)	主債務者が期限の利益を喪失したこと	→・債権者は、保証人に対し、主債務者が期限の利益を喪失した時から当該通知を現にするまでに生じた遅延損害金（期限の利益を喪失しなかったとしても生ずべきものを除く）に係る保証債務の履行を請求することができない。
(2)	債権者が当該期限の利益の喪失を知った時から 2 か月以内に、その旨を保証人に通知しないこと	
(3)	保証人が個人であること	

(1)　改正前民法

　改正前民法の下では、保証契約締結後の債権者から保証人に対する情報提供に関する明文の規定は存在しなかった。

(2)　改正民法

　改正民法では、保証人が主債務者の委託を受けて保証をした場合、保証人の請求があったときには、債権者は保証人に対し、遅滞なく、主債務の元本・利息・違約金・損害賠償その他その債務に従たるすべてのものについての不履行の有無・残額とそのうち弁済期が到来しているものの額に関する情報を提供しなければならない旨が定め

187

第6章　保証契約

られた（改正民458条の2）。主債務の履行状況に関する情報提供義務に関するこのルールは、保証人の属性（個人、法人）、主たる債務の目的（事業のためか否か）および種類（貸金等債務か否か）を問わず、広く保証人が主たる債務者からの委託を受け保証した場合に適用される。

　また、主債務者が期限の利益を喪失した場合、債権者は法人以外の保証人に対し、当該期限の利益の喪失を知った時から2か月以内に、その旨を通知しなければならないとされ、期限の利益を喪失した場合の情報提供義務が明記された（改正民458条の3第1項・3項）。

　上記の通知を怠ると、債権者は、保証人に対し、主債務者が期限の利益を喪失した時から当該通知を現にするまでに生じた遅延損害金（期限の利益を喪失しなかったとしても生ずべきものを除く）に係る保証債務の履行を請求することができない。ただし、期限の利益を喪失しなかったとしても生ずべき遅延損害金については履行を請求することが可能である（改正民458条の3第2項）。

(3)　実務上の留意点

　期限の利益を喪失した場合の情報提供義務を定める改正民法458条の3第2項括弧書が定める「期限の利益を喪失しなかったとしても生ずべきもの」とは、具体的には、すでに期限が到来しており期限の利益の喪失の対象にならない部分に係る遅延損害金や、利息に相当する部分が該当すると考えられ、これらについては、通知の有無にかかわらず発生するものと考えられる。

　保証契約締結後の保証人に対する情報提供との関係では、当該情報提供が債権者と主債務者との間の守秘義務などの合意に反しないように契約上の手当をしておくことが想定される。

188

5 貸金等根保証に関するルールの個人根保証一般への拡大

(1) 改正前民法

　個人を保証人とする貸金等根保証契約に関して、極度額および元本確定に関するルールが明文化されているが（改正前民465条の2、465条の5）、貸金等根保証契約以外の根保証については、かかる明文のルールは存在していなかった。

(2) 改正民法

　改正民法は、改正前民法では個人を保証人とする貸金等根保証（債務の範囲に金銭の貸渡しまたは手形の割引を受けることによって負担する債務が含まれる根保証）のみに適用されている極度額および元本確定に関するルールを、貸金等根保証以外の個人根保証にも拡大して適用するものとした。以下、各別に解説する。

① 極度額

　根保証契約（一定の範囲に属する不特定の債務を主債務とする保証契約）で保証人が法人でないもの（以下「個人根保証契約」という）の保証人は、主債務の元本、利息・違約金・損害賠償その他その債務に従たるすべてのもの、およびその保証債務について約定された違約金・損害賠償の額について、その全部に係る極度額を限度として、

第6章　保証契約

その履行をする責任を負う（改正民 465 条の 2 第 1 項）。個人根保証契約は、極度額を書面または電磁的記録によって定めなければ効力を生じない（同条 2 項・3 項、446 条 2 項・3 項）。

②　元本確定期日

個人根保証の対象に貸金等債務を含む場合（改正民法上、「個人貸金等根保証契約」と定義される。改正民 465 条の 3 第 1 項）の元本確定期日に関する規定（同条）に関しては、特段の改正はなされておらず、契約締結日後 5 年超の期日の定めは効力を生じず、期日の定めがなければ契約締結日後 3 年を経過した日が元本確定期日となる。なお、元本確定期日に関する規律は個人根保証契約一般に拡大することはしていない（一問一答 137 頁）。

③　元本の確定事由

個人根保証の元本確定事由について、改正民法では、以下のとおり個人根保証一般について元本確定事由となるものと、個人貸金等根保証の場合にのみ元本確定事由となるものについて分けて規定している。

すなわち、(i) 債権者が、対象者の財産について金銭債権についての強制執行・担保権の実行を申し立てた場合（手続の開始があったときに限る）、(ii) 対象者が破産手続開始の決定を受けた場合については、主債務者がこれに該当した場合については個人貸金等根保証固有の元本確定事由に該当し（改正民 465 条の 4 第 2 項 1 号・2 号）、保証人がこれに該当した場合については個人根保証一般についての元本確定事由に該当する（同条 1 項 1 号・2 号）。これに対し、(iii) 死亡したときに関しては、主債務者・保証人のいずれがこれに該当した場合についても、個人根保証一般についての元本確定事由に該当

5 貸金等根保証に関するルールの個人根保証一般への拡大

することとなる（同項3号）。

これを図示すると、以下のとおりである。

[個人根保証一般と個人貸金等根保証に関する元本確定事由]

元本確定事由	対象者	
	主債務者	保証人
債権者が、対象者の財産について金銭債権についての強制執行・担保権の実行を申し立てたとき（手続の開始があったときに限る）	○	◎
対象者が破産手続開始の決定を受けたとき	○	◎
対象者が死亡したとき	◎	◎

◎：個人根保証一般（個人貸金等根保証含む）についての元本確定事由に該当
○：個人貸金等根保証固有の元本確定事由に該当

　上記表の「○」の類型が、個人貸金等根保証についてのみ元本確定事由とされる理由は、次のとおりである。すなわち、個人貸金等根保証以外の個人根保証の典型例としては、賃貸借契約における賃借人を主債務者とする根保証が想定されるところ、この場合、主債務者の財産への強制執行・担保権の実行や破産手続の開始決定があったとしても、信頼関係の破壊がない限り、直ちに契約を解除できるとは限らない。その結果、賃貸人としては、保証契約の存在を前提として賃貸借契約を締結したにもかかわらず、以後は保証がないまま賃貸し続けることを強いられるという不都合が生ずるため、これらの事由を元本確定事由から除外したものである（一問一答138頁）。

④　求償権についての保証契約

　法人を保証人とする根保証契約において、極度額が定められてい

191

第6章　保証契約

ない場合には、当該根保証契約に基づく法人保証人の主たる債務者に対する求償権に係る債務を主たる債務とする、個人を保証人とする保証契約は、効力を生じないものとされている（改正民465条の5第1項）。加えて、法人を保証人とする根保証契約であって、その主たる債務の範囲に貸金等債務が含まれるものについて、元本確定期日の定めがない場合には、当該根保証契約に基づく法人保証人の主たる債務者に対する求償権に係る債務を主たる債務とする、個人を保証人とする保証契約（当該求償権に係る債務を主たる債務の範囲に含む根保証契約も同様）は、効力を生じないものとされている（同条2項）。なお、元本確定期日の定めや変更の内容が契約締結日以降5年超の日となる場合（ただし、元本確定期日の前2か月以内に元本確定期日の変更をする場合で、変更後の元本確定期日が変更前の元本確定期日から5年以内となるときを除く）は元本確定期日が定められていない場合と同じ扱いとなる（同項、465条の3第1項・3項）。

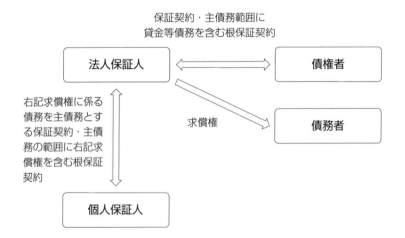

(3) 実務上の留意点

改正により個人貸金等根保証以外の個人根保証全般においても極度額についての書面等における規定が必要となる。

たとえば、賃貸借契約における賃借人や継続的売買における買主を主債務者とする根保証、リース料債権の根保証などにおいて、かかる対応が必要となるため、個人根保証に該当する保証を行っている場合には契約内容の見直しを行う必要がある。

また、同様に個人貸金等根保証以外の個人根保証においても上記(2)③の表中、◎で示した元本確定事由の発生により元本が確定するため、債権管理に当たって留意する必要がある。

---

6 保証人の求償権

---

(1) 改正前民法

改正前民法では、委託を受けた保証人の事後求償権に関する規定はあったが、求償額の範囲については明示されていなかった（改正前民459条1項）。また、改正前民法では、委託を受けた保証人が弁済期前に弁済等をした場合の求償権に関する定めは置かれていなかった。

第6章　保証契約

(2)　改正民法

　改正民法では、委託を受けた保証人の事後求償権については、ま
ず、保証人が主債務者に代わって債務の消滅行為をした場合、保証
人は支出した財産額または債務の消滅額のうち小さい方の額の求償
権を有し（改正民459条1項）、これには債務の消滅行為の日以後の
法定利息・必要費用その他の損害賠償を包含するものとしている
（同条2項、民442条2項）。この規定については、改正前民法の規
定を整理しつつ、求償額の範囲について明確化したものである。

　また、弁済期前の債務の消滅行為に関しては、保証人は主債務者
がその当時利益を受けた限度で求償権を有し（改正民459条の2第1
項前段）、その範囲には主債務の（債務の消滅以後ではなく）弁済期
以後の法定利息・必要費用（弁済期以後に債務の消滅行為をしたとし
ても避けることができなかった費用）その他損害賠償を包含し（同条
2項）、主債務の弁済期以後でなければ求償権は行使できないもの
とされている（同条3項）。主債務者が債務の消滅行為の日以前に
相殺の原因を有していたことを主張するとき、保証人は、債権者に
対し、相殺によって消滅すべきであった債務の履行を請求できる
（同条1項後段）。これらの規定は、弁済期前の債務の消滅行為を明
文で認めつつ、主債務者の期限の利益を害することができないこと
を明確にしたものである。

　次に、委託を受けた保証人の事前求償権に関しては、事前求償に
なじまず実務上も利用がない規定（改正前民460条3号）を削除し
つつ、改正前民法459条に定められている求償事由のうち事前求償
事由として定めるのが相当と考えられていた「保証人が過失なく債
権者に弁済をすべき旨の裁判の言渡しを受けたとき」を事前求償事

194

由として追加している（改正民460条3号）。

　さらに、改正民法は、主債務者・保証人間の通知義務に関して、
(i) 保証人の事前通知義務、(ii) 主債務者の事後通知義務、(iii) 保証
人の事後通知義務に分けて規定している（改正民463条）。これらの
規定は、改正前民法の規定が準用規定となっているものを準用とせ
ずに各別に規定したほか、事前通知義務は（委託のない保証人との
関係では求償権の行使の制限もあるため）課すまでもないとされたこ
とによる変更の範囲にとどまっており、実質的には改正前民法の規
定とほぼ変わりがないものとなっている。

(3)　実務上の留意点

　保証人の求償権のうち弁済期前の債務の消滅行為に関しては、改
正により当該行為をなすことができることを明文で認めつつ、当該
行為があった場合の求償権の範囲について明確化されたもので、保
証人においては、主債務者の期限の利益を害しない範囲で任意の時
期に債務消滅行為をなすことができることが明確になった。

　委託を受けた保証人の事前・事後求償権にかかる規定、主債務
者・保証人間の通知義務にかかる規定については、改正前民法にお
ける考え方を整理しつつ、求償の対象となる額の範囲等を明確化し
たものであって、特段実務上影響が生じるものではないと考えられ
る。

第6章　保証契約

7　その他の改正事項

(1)　改正前民法

　改正前民法では、保証債務の付従性に関して、保証人の負担が債務の目的・態様において主債務より重いときは、これを主債務の限度に減縮すると規定されていた（改正前民448条）。また、主債務者の有する抗弁等に関する明文の規定がなかった。さらに、連帯保証人について生じた事由の効力に関して改正前民法458条で434条から440条までの規定を連帯保証人に準用していた。

(2)　改正民法

　改正民法では、保証債務の付従性に関する改正前民法448条の内容を維持することに加えて（改正民448条1項）、主債務の目的・態様が保証契約の締結後に加重されたときであっても、保証人の負担は加重されないという一般的な理解について明文化し、同条に追加している（同条2項）。

　また、改正民法は、保証人は、主債務者が主張することができる抗弁をもって債権者に対抗することができる旨を定め（改正民457条2項）、従前の判例法理（最判昭和40・9・21民集19巻6号1542頁）の内容を明文化した。なお主債務者が債権者に対して相殺権、取消権または解除権を有するときは、これらの権利の行使によって主債

196

務者がその債務を免れる限度において、保証人は、債権者に対して
債務の履行を拒むことができる旨も定め（同条3項）、一般的な理
解を明文化した。

さらに、改正民法458条では、連帯債務に関する規定のうち、
438条（更改）、439条1項（相殺）、440条（混同）、441条（相対的
効力の原則）の規定について連帯保証人の場合に準用するものとし
ている（改正民458条）。連帯保証人について生じた事由の効力（相
対効化）に関する当該条文は、改正前民法458条で434条から440
条までの規定を連帯保証人に準用するとしていたうち、連帯保証人
には負担部分がないことから準用の余地がない規定（改正前民436
条2項、437条、439条）や改正民法で相対的効力とされた「履行の
請求」に係る準用を除外したものである。

[連帯債務に関する規定の連帯保証人について生じた事由への準用（改正
民458条）]

事由	改正前民法	改正民法
履行の請求	絶対的効力事由（434条）	相対的効力事由（441条本文）
更改	絶対的効力事由（435条）	絶対的効力事由（438条）
相殺	絶対的効力事由（436条）	絶対的効力事由（439条1項）
		準用の余地なし（439条2項部分）
免除	絶対的効力事由（437条）	準用の余地なし（現行民法437条の規律は廃止）
混同	絶対的効力事由（438条）	絶対的効力事由（440条）
時効の完成	絶対的効力事由（439条）	準用の余地なし（現行民法439条の規律は廃止）

197

第6章　保証契約

上記以外	相対的効力事由 （440条）

相対的効力事由（441条本文）

⑶　実務上の留意点

　保証債務の付従性、主債務者の有する抗弁等については、判例や一般的な理解を明文化したものであるため、特段実務上の影響はないと考えられる。

　連帯保証人について生じた事由の主債務者への効力に関し、改正前民法では、個人である主債務者が行方不明になったり意思能力に疑問が生じたりした場合、あるいは法人である主債務者の実態がなくなったような場合でも、連帯保証人への請求を行うことで主債務者にも消滅時効の中断（改正民法における時効の更新）の効力を及ぼすことが可能であった。

　これに対し、改正民法は、連帯保証に相対的効力の原則と例外を定めた改正民法441条を準用しているため（改正民458条）、連帯保証人に対する履行の請求については、法律上直ちには主債務者に効力が及ばない。よって、改正前民法において行うことが可能であった、連帯保証人への請求をもって主債務者への請求の効力を生じさせるという対応が不可となったため留意する必要がある。

　なお、連帯保証人について生じた事由に準用される改正民法441条ただし書は、債権者と他の連帯債務者の一人が別段の意思表示をした場合には、当該他の連帯債務に対する効力はその意思に従うと定める。そこで、債権者としては債権保全策として、連帯保証人に対する履行の請求が主債務者に対する請求としても効力が生じるよう、債権者と主債務者との間で連帯保証人への履行の請求が絶対効を有する旨の合意をする対応が考えられる。

198

＜契約書サンプル＞

　以下では、保証契約書について、改正民法下におけるサンプルを掲載する。単純保証の場合のサンプルを示した上で、連帯保証の場合、根保証の場合それぞれについて特有の条項例について、補充的に説明する。

　なお、条項の前に「＊」を付したものについては、保証の前提条件により条項の有無が変わるものである（前提条件の内容等については＜注記＞を参照されたい）。

保証契約書

　○○（以下「甲」という。）および○○（以下「乙」という。）は、○○（以下「丙」という。）が甲に対して負担する第1条に定める債務を主たる債務とする保証契約を締結することに合意し、以下のとおり保証契約を締結する（以下「本契約」という。）。

第1条（保証）

1　乙は、甲に対し、丙が甲に対して負担する下記契約に基づく債務（以下「主債務」という。）について、保証債務を負う。

記

契約名	金銭消費貸借契約
契約日	○年○月○日
借入額	○○円
返済期日	○年○月○日
利息	年○％

第6章　保証契約

　　　　　遅延損害金利率　　年○％

＊2　甲および乙は、丙による主債務の資金使途が○○であり、丙
　の営む事業のために借り入れたものでないことを確認する。

第2条（相殺権の放棄）

　乙は、丙の甲に対する債権をもって相殺を行わないものとする。

第3条（担保保存義務の免除）

　乙は、甲がその都合によって担保もしくは他の保証を変更、解除
しても、免責を主張しないものとする。

第4条（代位権の不行使等）

1　乙が保証債務を履行した場合に代位によって甲から取得した権
　利は、丙と甲との取引継続中は、甲の同意がない限り、行使しな
　いものとする。
2　乙が、前項に定める甲の同意を得て、代位によって甲から取得
　した権利を行使する場合には、甲は、乙に優先して、代位の目的
　となった権利の対価たる金銭を弁済に充当する。
3　乙が前項に定める権利を行使する場合、当該権利の行使に関し
　ては、甲、乙と丙との間で締結した契約のほか、なお本契約の各
　条項が適用されるものとする。

第5条（通知）

　本契約に基づくまたは関連する一切の通知は、本契約に別段の規
定がない限り、すべて書面によるものとし、以下の通知先（ただし、
各当事者は相手方当事者に対して通知することにより、自らの通知
先を変更することができる。）に、直接持参して交付されるか、また
は、書留郵便、クーリエサービスもしくはファクシミリによって送
付される。各当事者は、通知が、直接持参して交付された場合はそ

200

の交付時に、ファクシミリにより送付された場合にはかかる送付の当日に、書留郵便またはクーリエサービスにより送付された場合にはかかる送付後○営業日後に、それぞれ名宛人に到達したものとみなすことに合意する。

(1) 甲に対する通知
［住所］
［甲の氏名または会社名］
［担当者：○○部　○○］
FAX：○○－○○○○－○○○○

(2) 乙に対する通知
［住所］
［乙の氏名または会社名］
［担当者：○○部　○○］
FAX：○○－○○○○－○○○○

＊第6条（表明および保証）

乙は、甲に対して、本契約締結までに、丙から、次の事項にかかる情報提供を受けたことを表明および保証する。

(1) 丙の財産および収支の状況
(2) 主債務以外に負担している丙の債務の有無ならびにその額および履行状況
(3) 主債務の担保として他に提供し、または提供しようとするものがあるときは、その旨およびその内容

第7条（準拠法および裁判管轄）

1　本契約の準拠法は日本法とし、日本法に従って解釈される。
2　両当事者は、本契約に起因してまたは関連して生じた一切の紛争については、○○地方裁判所を第一審の専属的合意管轄裁判所とすることを合意する。

第6章　保証契約

第8条（修正および放棄）

　本契約のいかなる規定の修正または変更も、両当事者［の代表者］が記名押印または署名した書面によってなされるのでなければ、その効力を有しない。本契約のいかなる規定またはそれに基づく権利もしくは義務の放棄または免除も、それを行う当事者の代表者が記名押印または署名した書面によってなされるのでなければ、その効力を有しない。

第9条（誠実協議）

　両当事者は、本契約に定めのない事項、または本契約に定める事項もしくは今後合意される事項に関する疑義については、誠意をもって協議の上、これを解決する。

<注記>

1　第1条第2項について

　改正民法では、主債務が事業のために負担した貸金等債務であり、かつ、保証人が個人である場合に、公正証書ルールが適用されることが定められた（改正民465条の6第1項・3項）。本契約書1条2項は、本契約に公正証書ルールが適用されないことを明らかにするための規定である。

　なお、保証人が法人である場合には、公正証書ルールが適用されないため、本項を削除する。

2　第2条について

　改正前民法457条2項は、保証人が、主債務者の債権者に対して有する債権をもって主たる債務と相殺することを認めていたが、本契約書第2条はかかる民法の規定の適用を排除する条項である。銀行取引において、預金債権による相殺の担保的機能には大きいものがあるが、預金が

202

主債務者にとって重要な資金であることに鑑み、相殺の実行のタイミング等は、慎重に判断する必要がある。それにもかかわらず、保証人が自己の判断によって任意に主債務者の預金債権をもって相殺することは、銀行にとっても主債務者にとっても好ましくない。そこで、特に銀行取引においては、かかる条項が規定されることが一般的である。なお、改正民法においては、相殺に限らず、主債務者が主張することができる抗弁一切を保証人が債権者に対抗できるものとされており（改正民457条2項）、これら一切の抗弁権主張を封じる特約条項を設けるべきか否か（債権者を過度に保護するものではないかという観点も含め）は課題であろう。

3　第3条について

本契約書3条は改正民法504条の定める担保保存義務を免除するものであり、銀行取引では一般的である。担保の保存、解除等は、融資金融機関の債権回収に係る総合的な判断による必要があるためである。なお、担保保存義務免除特約につき判例は、原則としてその有効性を認めつつも（最判昭和48・3・1金法679号34頁）、信義則違反、権利濫用の法理による限界があり得るという立場に立つ（最判平成2・4・12金法1255号6頁、最判平成7・6・23民集49巻6号1737頁）。これらの判例法理は改正民法下でも妥当すると考えられる。

4　第4条について

第1項は、代位弁済により保証人が取得する権利の実行を制限する特約であり、銀行取引においては一般的な条項である。第2項、第3項は、同意を得て、代位によって保証人が取得した権利を行使する場合の規律を定めている。

5　第6条について

改正民法では、主たる債務者が事業のために負担する債務を主たる債務とする保証の委託をするときは、委託を受ける者に対し、①財産およ

第6章　保証契約

び収支の状況、②主債務以外に負担している債務の有無ならびにその額および履行状況、ならびに、③主債務の担保として他に提供し、または提供しようとするものがあるときは、その旨およびその内容に関する情報を提供しなければならないことが規定されており、主たる債務者が当該情報提供を怠った場合には、保証人により保証契約を取り消される可能性がある（改正民465条の10）。本条は、当該情報提供を受けたことについて保証人に表明保証させることにより、保証人による保証契約取消のリスクを軽減させ、債権者の地位を安定化させるための規定である。なお、債権者の立場から、敢えて、「債権者は当該情報提供の内容を合理的な調査により確認しており、主債務者による情報の不提供または事実と異なる情報提供のいずれも認識していないこと」を表明保証することにより、その立場を強化する方法も考えられる。

　なお、主債務が事業のために負担する債務でない場合や保証人が法人である場合には、改正民法465条の10（保証人への情報提供義務）が適用されないため、本条を削除し、本契約書7条以下の条数を繰り上げる。

6　その他（経営者保証ガイドラインについて）

　金融機関が債権者である場合には、経営者保証ガイドラインが適用される可能性がある。参考までに本稿脱稿時点の経営者保証ガイドラインに関する条項は以下のとおりである（経営者保証ガイドラインの原文をそのまま引用しているため、他の契約条項例で用いている甲・乙・丙の表記は用いていない。また、改正民法の施行時に当該ガイドラインの適用があるか、適用があるとして変更がないかについては特に金融機関は、注意を要する）。

　保証人は、この契約に基づく保証債務の履行において、平成25年12月5日に経営者保証に関するガイドライン研究会（全国銀行協会および日本商工会議所が事務局）が公表した経営者保証に関するガイドライン（公表後の改定内容を含む。）に則り、責任財産の価額の範囲を財産の評定の基準日における保証人の資産相当額に限定し、

当該日付以降に発生する保証人の収入相当額については含めないことを貴行に申し出ること（以下、「責任限定申出」という。）ができるものとし、貴行は、この申出に対して誠実に対応するものとします。なお、保証人は、責任限定申出を貴行に対して行う場合は、保証履行時の保証人の資産の状況を表明および保証するとともに、その適正性について保証人の債務整理を支援する専門家の確認を受けるものとし、その表明および保証した内容と実際の資産の状況との間に相違があったときは、融資慣行に基づく保証債務の額が復括することを約するものとします。

＊連帯保証の場合

第1条（連帯保証）

　乙は、甲に対し、丙が甲に対して負担する下記契約に基づく債務（以下「主債務」という。）について、丙と連帯して保証債務を負う。

（契約内容省略）

［以下、「保証契約書」の第2条以下と同じ。］

＊根保証の場合

第1条（根保証）

1　乙は、甲に対し、丙が甲に対して現在および将来負担する下記契約に基づく債務（以下「主債務」という。）について、保証債務を負う。

第6章　保証契約

記
甲丙間の○年○月○日付売買基本契約書に基づく売買代金債務

*2　甲および乙は、丙による主債務の資金使途が○○であり、主
　　債務の範囲に丙の営む事業のために借り入れた貸金等債務が含
　　まれないことを確認する。

第2条（極度額）

　前条に基づく乙の保証債務は、主債務の元本、主債務に関する利
息、違約金、損害賠償その他その債務に従たるすべてのものおよび
その保証債務について約定された違約金または損害賠償の額につい
て、その全部に係る極度額○円を限度とする。

第3条（元本確定期日）

　主債務の元本確定期日は、本保証契約締結の日から5年を経過す
る日とする。

第4条（元本確定期日の変更）

　前条に定める元本確定期日は、甲乙間の書面による合意により、
その合意の日から5年以内の日の範囲内において、変更することが
できる。

第5条（元本確定事由）

　主たる債務の元本は、次の各号に掲げる場合には、確定する。た
だし、第1号に掲げる場合にあっては、強制執行または担保権の実
行の手続の開始があったときに限る。
(1)　甲が、乙の財産について、金銭の支払を目的とする債権につ
　　いての強制執行または担保権の実行を申し立てたとき
(2)　乙が破産手続開始の決定を受けたとき
(3)　乙または丙が死亡したとき

［以下、「保証契約書」の第2条以下を、条数を第6条以下に繰り下げて規定。］

<注記>

1　第1条第1項について

改正民法では、従前、貸金等根保証についてのみ適用されていた、極度額、元本確定に関するルールが、個人根保証一般に適用されることとなった。そこで、本条で定めるような継続的売買取引に係る根保証についても、保証人が個人である限り、第2条以下の各条項のような、極度額、元本確定に関する規定が必要となる。

2　第1条第2項について

保証契約書1条2項と同様、本契約に公正証書ルールが適用されないことを明らかにするための規定である。

なお、保証人が法人である場合には、公正証書ルールが適用されないため、本項を削除する。

3　第2条について

改正民法の下では、個人根保証契約は、極度額の定めのないものは無効となる（改正民465条の2第2項）。そこで、個人根保証契約において極度額の定めを置く必要がある。

4　第3条について

改正民法の下では、個人貸金等根保証契約においては元本確定期日は、最長で契約締結日から5年を経過する日までとされていること（改正民465条の3第1項）に合わせた条項である。なお、個人貸金等根保証契約ではない個人根保証契約においては本条は削除して構わない。

第 6 章　保証契約

5　第 4 条について

　改正民法の下では、個人貸金等根保証契約においては元本確定期日の変更は、変更合意日から 5 年以内の範囲で行い得るものとされていること（改正民 465 条の 3 第 3 項）に対応する条項である。なお、個人貸金等根保証契約ではない個人根保証契約においては本条は削除して構わない。

6　第 5 条について

　本条では、個人根保証契約に関する、改正民法 465 条の 4 第 1 項各号所定の元本確定事由を定めている。

以下では、保証委託契約について、そのサンプルを示した上で、改正民法に対応した条項例について解説する。

　なお、簡易な契約書とする場合、特段の合意が不要である場合には、3条、8条、10条、11条、13条等の一部条項を削除する内容とすることも考えられる。

　また、条項の前に「＊」を付したもの（1条4項）については、保証の前提条件により条項の有無が変わるものである（前提条件の内容等については＜注記＞を参照されたい）。

保証委託契約書

　○○（以下「甲」という。）および○○（以下「乙」という。）は、乙が○○（以下「丙」という。）に対して負担する第1条に定める債務の保証にかかる委託につき合意し、以下のとおり保証委託契約（以下「本契約」という）を締結する。

第1条（保証委託）

1　乙は、甲に対し、乙が丙に対して負担する下記契約に基づく債務（以下「主債務」という。）について保証人となることを委託し、甲はこれを受託する。

記

契約名	金銭消費貸借契約
契約日	○年○月○日
借入額	○○円
返済期日	○年○月○日
利息	年○％
遅延損害金利率	年○％

第6章　保証契約

2　前項に定める保証は、甲丙間の合意に従って行われるものとする。

3　乙は、本契約の締結に当たり必要となる法律上の手続を経ていることを表明し、これを保証する。

＊4　甲および乙は、乙による主債務の資金使途が○○であり、乙の営む事業のために借り入れたものでないことを確認する。

第2条（保証料）

1　乙は、甲に対し、保証料として○円を支払う。

2　乙は、前項の定めに従い支払った保証料につき、違算の場合を除き、返戻を求めないものとする。ただし、乙が丙に対して繰上返済を行った場合には、主債務の残高と借入期間に応じて、甲は乙に対して保証料の一部を返還する。

3　乙が主債務の履行を怠った場合、乙は、その延滞額に対し、延滞期間（期限の利益喪失にかかわらず、主債務に係る契約で同意された弁済期日の翌日を始期とする期間とする。）に応じ、年○％の割合をもって計算された金額を、延滞保証料として甲に支払う。この場合、延滞保証料の計算方法は、年365日の日割計算とする。

第3条（反社会的勢力の排除）

1　乙は、現在、暴力団、暴力団員、暴力団員でなくなった時から5年を経過しない者、暴力団準構成員、暴力団関係企業、総会屋等、社会運動等標ぼうゴロまたは特殊知能暴力集団等、その他これらに準ずる者（以下「暴力団員等」という。）に該当しないこと、および次の各号のいずれにも該当しないことを表明し、かつ将来にわたっても該当しないことを確約する。

(1)　暴力団員等が経営を支配していると認められる関係を有すること

(2)　暴力団員等が経営に実質的に関与していると認められる関係を有すること

⑶　自己、自社もしくは第三者の不正の利益を図る目的または第三者に損害を加える目的をもってするなど、不当に暴力団員等を利用していると認められる関係を有すること

⑷　暴力団員等に対して資金等を提供し、または便宜を供与するなどの関与をしていると認められる関係を有すること

⑸　役員または経営に実質的に関与している者が暴力団員等と社会的に非難されるべき関係を有すること

2　乙は、自らまたは第三者を利用して次の各号の一つにでも該当する行為を行わないことを確約する。

⑴　暴力的な要求行為

⑵　法的な責任を超えた不当な要求行為

⑶　取引に関して、脅迫的な言動をし、または暴力を用いる行為

⑷　風説を流布し、偽計を用いまたは威力を用いて甲の信用を毀損し、または甲の業務を妨害する行為

⑸　その他前各号に準ずる行為

第4条（担保）

1　乙が甲に差し入れた担保につき、その担保の全部または一部が滅失したとき、もしくは価格の下落等により担保価値に変動が生じたとき、または乙の資力に著しい変動が生じたときは、乙は、直ちに増担保を差し入れ、または保証人を追加するものとする。

2　甲は、乙が甲に差し入れた担保を、法定の手続によらず、一般に適当と認められる方法、時期、価格等の条件により甲において処分することができる。

3　甲が丙から譲渡を受けた担保または丙から甲に移転した担保の取扱いは、前二項の定めに従うものとする。

第5条（事前求償権）

1　乙について次の各号に掲げる事由が生じたときは、甲は、乙に対し、次条に定める代位弁済前に、あらかじめ求償権を行使する

第6章　保証契約

ことができる。

(1)　仮差押え、強制執行もしくは担保権の実行としての競売の申立てを受けたとき、仮登記担保権の実行通知が到達したとき、支払を停止したとき、破産手続開始、民事再生手続開始もしくは会社更生手続開始の申立てがあったとき、または解散の決議を行いもしくは解散命令を受けたとき（合併に伴って解散する場合を除く。）

(2)　公租公課につき差押えまたは保全差押えを受けたとき

(3)　手形交換所もしくは電子債権記録機関の取引停止処分を受けたとき

(4)　担保物件が消滅したとき

(5)　主債務の一部でも履行を遅滞したとき

(6)　住所変更の届出を怠るなど甲または乙の責めに帰すべき事由によって、甲に乙の所在が不明となったとき

(7)　暴力団員等もしくは第3条第1項各号のいずれかに該当し、もしくは同条第2項各号のいずれかに該当する行為をし、または同条第1項の規定に基づく表明・確約に関して虚偽の申告をしたことが判明したとき

(8)　第9条第2項に基づいて乙が甲に提出する財務状況や事業内容を示す書類に重大な虚偽の内容があった場合等、本契約に違反したとき

(9)　債務が弁済期にあるとき。ただし、保証契約の後に丙が乙に許与した期限は、甲に対抗することができない。

(10)　甲が過失なく丙に弁済をすべき旨の裁判の言渡しを受けたとき

(11)　前各号のほか、求償権の保全を必要とする相当の事由が生じたとき

2　甲が前項により求償権を行使する場合には、民法第461条に基づく抗弁権を主張しない。主債務または第7条の償還債務について担保がある場合にも同様とする。

第6条（代位弁済）

1　乙が主債務の全部または一部の履行を遅滞したため、甲が丙から保証債務の履行を求められたときは、甲は、乙に対して何ら通知または催告をすることなく、丙に対して主債務を代位弁済することができる。

2　甲が前項に定める代位弁済によって丙に代位して取得した乙に対する債権の行使に関しては、甲、乙と丙との間で締結した契約のほか、なお本契約の各条項が適用されるものとする。

第7条（求償権の範囲）

　甲が前条に定める代位弁済を行った場合、甲は、乙に対して、代位弁済額（代位弁済額が代位弁済によって消滅した主債務の額を超える場合にあっては、その消滅した額）およびこれに対する弁済の日の翌日から年○％の割合による遅延損害金ならびに代位弁済に要した費用その他の損害について求償権を取得する。

第8条（弁済の充当順序）

1　乙の弁済した金額が、甲に対する本契約から生じる償還債務、信用保証料債務、延滞保証料債務、その他の債務（以下「本契約から生じる債務」と総称する。）の全額を消滅させるに足りないときは、甲は、甲が適当と認める順序・方法により、充当することができる。

2　乙が、本契約から生じる債務および本契約以外の保証委託契約から生じる債務を甲に負担している場合に、乙の弁済した金額が、甲に対するこれらの債務の全額を消滅させるに足りないときは、甲は、甲が適当と認める順序・方法により、いずれの保証委託契約から生じる債務（ただし、乙が債務を負担していないものを除く。）にも充当することができる。

第6章　保証契約

第9条（調査および報告）［保証人が法人の場合］

1　乙の名称、商号、代表者、住所、連絡先等の事項について変更
があった場合には、乙は、変更された事項について直ちに甲に書
面で届出をし、甲の指示に従う。

2　乙は、乙（財務諸表等の用語、様式及び作成方法に関する規則
に基づく関連会社および関係会社を含む。）の財務状況や事業内容
を示す税務申告決算書、定款等の写しについて、甲から請求が
あったときは直ちに提出するものとし、甲が金融機関に依頼して
当該書類を受領することについて承諾する。

3　乙は、前項に定めるほか、乙の財産、経営、現況等について甲
から照会があった場合には、照会された事項を直ちに甲に書面で
報告し、また甲に対し帳簿閲覧等調査に必要な便益を提供する。

4　前項に定める事項について乙に重大な変動が生じ、または生じ
るおそれが認められる場合には、乙は、当該事項を直ちに甲に書
面で報告し、甲の指示に従う。

5　乙の財産の調査について甲が必要とするときは、乙は、甲を乙
の代理人として、市区町村の住民票（記載の省略のないもの）の
写し、戸籍謄本、改製原戸籍謄本、除籍謄本等を交付申請および
受領すること、あるいは固定資産課税台帳、土地・家屋総合名寄
帳等を閲覧ならびに所得証明書、納税証明書、評価証明書等を交
付申請および受領することを委任する。

6　甲が第7条の求償権につき、債権管理回収業に関する特別措置
法第2条第3項の規定に基づく債権回収会社にその回収を委託し
ているときは、乙は、当該債権回収会社を乙の復代理人として、
前項に掲げる手続を委任することを承諾する。

7　乙は、本契約に関し現在および将来において甲に提出する一切
の書類もしくは報告する事項の内容がいずれも真実であることを
表明し、これを保証する。

第9条（調査および報告）［保証人が個人の場合］

1 乙は、甲に対し、次に掲げる事項に関する情報を提供する
ものとする。
(1) 財産および収支の状況
(2) 主債務以外に負担している債務の有無ならびにその額お
よび履行状況
(3) 主債務の担保として他に提供し、または提供しようとす
るものがあるときは、その旨およびその内容
2 乙の氏名、住所、連絡先、乙の事業にかかる商号等の事項
について変更があった場合には、乙は、変更された事項につ
いて直ちに甲に書面で届出をし、甲の指示に従う。
3 乙は、乙の事業にかかる財務状況や事業内容を示す税務申
告決算書等の写しについて、甲から請求があったときは直ち
に提出するものとし、甲が金融機関に依頼して当該書類を受
領することについて承諾する。
4 乙は、前項に定めるほか、乙の財産、経営、現況等につい
て甲から照会があった場合には、照会された事項を直ちに甲
に書面で報告し、また甲に対し帳簿閲覧等調査に必要な便益
を提供する。
［以下、「保証人が法人の場合」の第9条第4項以下を、項数を
第5項以下に繰り下げて規定。］

第10条（成年後見人等の届出）［保証人が個人の場合］

1 乙について家庭裁判所の審判により、補助・保佐・後見が開始
された場合には、乙は、成年後見人等の氏名その他必要な事項、
および後見登記等に関する法律（以下「後見登記法」という。）に
よる登記によりなされた登記事項証明書等を添えて、甲に直ちに
届出をする。
2 乙について家庭裁判所の審判により、任意後見監督人が選任さ
れた場合には、乙は、任意後見人の氏名その他必要な事項、およ
び後見登記法による登記によりなされた登記事項証明書等を添え

第6章　保証契約

て、甲に直ちに届出をする。

3　乙についてすでに補助・保佐・後見開始の審判を受けている場合、または任意後見監督人が選任されている場合にも、乙は、前二項と同様に成年後見人等あるいは任意後見人の氏名その他必要な事項、および後見登記法による登記によりなされた登記事項証明書等を添えて、甲に直ちに届出をする。

4　前三項の事項に取消または変更等が生じた場合にも同様に、乙は、成年後見人等あるいは任意後見人の氏名その他必要な事項、および後見登記法による登記によりなされた登記事項証明書等、あるいは閉鎖登記事項証明書等を添えて、甲に直ちに届出をする。

5　前四項の届出の前に生じた損害については、乙において対処することとし、乙は甲に一切の責任を問わない。

第11条（公正証書の作成）

甲の請求があるときは、乙は、この契約にかかる債務の履行につき、直ちに強制執行に服する旨の陳述を記載した公正証書の作成に必要な一切の手続を行う。

第12条（費用の負担）

甲が第6条第1項の弁済によって取得した債権の保全もしくは行使または担保の保全、行使もしくは処分に要した費用および本契約から生じた一切の費用は、乙の負担とし、乙は、甲の請求により直ちに当該費用を支払う。

第13条（代位取得の手形等）

代位により丙から甲に移転した手形または電子記録債権につき、その権利が消滅した場合にも、乙の甲に対する償還債務には変動を生じないものとする。

第14条（管轄裁判所の合意）

　甲および乙は、本契約に関する訴訟・和解および調停について、甲の本店の所在地の地方裁判所を第一審の専属的合意管轄裁判所とすることに合意する。

＜注記＞

１　第１条第４項について

　本契約に基づく保証契約に公正証書ルール（改正民465条の6）が適用されないことを明らかにするための規定である。

　なお、保証人が法人である場合には、公正証書ルールが適用されないため、本項を削除する。

２　第５条第１項第９号および第10号について

　改正民法で事前求償権を行使することができる場合として掲げられている事由（改正民460条2号・3号）に対応する条項である。

３　第７条について

　「代位弁済額（代位弁済額が代位弁済によって消滅した主債務の額を超える場合にあっては、その消滅した額）」は、改正民法459条1項で追加された括弧書に合わせた表現としている。

４　第９条第１項［保証人が個人の場合］について

　改正民法では、事業のために負担する債務を主たる債務とする保証を個人の保証人に対して委託するときは、法定の事項について情報を提供しなければならないとされている（改正民465条の10第1項・3項）ことに対応する条項である。なお、第１条第４項を入れる場合、第９条第１項は不要となる。

編著者・執筆者紹介

岩田合同法律事務所

　岩田合同法律事務所は、1902 年、故岩田宙造弁護士（司法大臣、日本弁護士連合会会長等を歴任）により創立された、我が国において最も歴史ある法律事務所の一つです。設立以来一貫して企業法務の分野を歩み、金融機関・エネルギー・各種製造業・不動産・建設・食品・商社・運送・IT・メディア等、幅広い業界に属する上場会社を中心とした顧問先に対し、顧問先の成長・発展を長期に亘り総合的にサポートすることを重視し、経営法務から紛争解決、海外法務に至るまで多様な法的ソリューションを提供しています。現在、日本法弁護士約 60 名、米国弁護士経験を有する米国人、中国法律師、フランス法弁護士を擁しています。

● URL：http://www.iwatagodo.com/

【編著者】

編著者代表

若林　茂雄（わかばやし　しげお）　　　　　　　　　**第 1 章担当**
　　＜略歴＞
　　岩田合同法律事務所代表パートナー弁護士（1982 年登録）。ニューヨーク州弁護士（1996 年登録）。1993 年から 1994 年まで Willkie Farr & Gallagher LLP（New York）勤務。2002 年から 2004 年まで最高裁判所司法研修所民事弁護教官。2005 年から 2007 年まで法務省司法試験考査委員（民法）。2011 年から 2015 年まで一橋大学法科大学院特任教授。2018 年 4 月から 2019 年 3 月までおよび 2019 年 10 月から第一東京弁護士会会長。
　　＜主要著作＞
　　『時代を彩る商事判例』（共著、商事法務、2015 年）
　　『金融機関の法務対策 5000 講』（共著、金融財政事情研究会、2018 年）

鈴木　正人（すずき　まさと）　　　　　　　　　　**第 1 章担当**
　　＜略歴＞
　　稲葉総合法律事務所パートナー弁護士（2002 年登録）。ニューヨーク州弁護士（2010 年登録）。第一東京弁護士会金融商品取引法研究部会副部会長。2009 年 Kramer Levin Naftails & Frankel LLP（New York）

219

編著者・執筆者紹介

勤務。2010年4月から2011年12月まで金融庁・証券取引等監視委員会事務局証券検査課にて課長補佐、専門検査官として勤務。2002年10月から2013年4月まで長島・大野・常松法律事務所にて、同月から2019年4月まで岩田合同法律事務所にて執務。

＜主要著作＞

『金融検査マニュアル便覧』（共著、金融財政事情研究会、2008年）

『Q&Aインターネットバンキング』（共編著、金融財政事情研究会、2014年）

『IPOと戦略的法務──会計士の視点もふまえて』（共編著、商事法務、2015年）

『The Anti-Bribery and Anti-Corruption Review Fourth Edition』（共著、Law Business Research、2015年）

『新・株主総会物語── 8つのストーリーで学ぶ総会実務』（共編著、商事法務、2017年）

『新債権法下の債権管理回収実務Q&A』（共著、金融財政事情研究会、2017年）

『金融機関の法務対策5000講』（共著、金融財政事情研究会、2018年）

松田　貴男（まつだ　たかお）　　　　　　　　　　**第1章担当**

＜略歴＞

岩田合同法律事務所パートナー弁護士（2008年登録）。2000年から2007年まで株式会社日本興業銀行・株式会社みずほコーポレート銀行勤務。

＜主要著作＞

『Q&A取引先の倒産対応マニュアル』（共著、日本経済新聞出版社、2010年）

『合併・買収の統合実務ハンドブック』（共著、中央経済社、2010年）

『実践TOBハンドブック〔改訂版〕』（共著、日経BP社、2010年）

『IPOと戦略的法務──会計士の視点もふまえて』（共著、商事法務、2015年）

『金融機関役員の法務──コーポレートガバナンスコード時代の職責』（共編著、金融財政事情研究会、2016年）

『金融機関の法務対策5000講』（共著、金融財政事情研究会、2018年）

【執筆者】

村上　雅哉（むらかみ　まさや）　　　　　　　　　**第5章担当**

＜略歴＞

大知法律事務所パートナー弁護士（2003年登録）。

＜主要著作＞

『時代を彩る商事判例』（共著、商事法務、2015年）

『業界別事業再生事典』（共著、金融財政事情研究会、2015年）

『Q&A社外取締役・社外監査役ハンドブック』（共著、日本加除出版、
　2015年）

『金融機関の法務対策5000講』（共著、金融財政事情研究会、2018年）

泉　篤志（いずみ　あつし）　　　　　　　　　　**第3章担当**

＜略歴＞

岩田合同法律事務所パートナー弁護士（2005年登録）。ニューヨーク
州弁護士（2014年登録）。2013年から2014年までSteptoe & Johnson
LLP（Washington, D.C.）勤務。2015年から2019年まで成蹊大学法
科大学院非常勤講師。

＜主要著作＞

「特集・改正会社法と実務対応Q&A　M&Aに関連する改正項目」金
　融法務事情2002号（共著、2014年）

『IPOと戦略的法務――会計士の視点もふまえて』（共著、商事法務、
　2015年）

『時代を彩る商事判例』（共著、商事法務、2015年）

「Getting the Deal Through‐Enforcement of Foreign Judgments
　2017-Japan」Law Business Research（共著、2016年）

『新・株主総会物語――8つのストーリーで学ぶ総会実務』（共著、
　商事法務、2017年）

『金融機関の法務対策5000講』（共著、金融財政事情研究会、2018年）

佐藤　修二（さとう　しゅうじ）　　　　　　　　**第6章担当**

＜略歴＞

岩田合同法律事務所パートナー弁護士（2000年登録）。2005年から
2006年までDavis Polk & Wardwell LLP（New York）勤務。2011年7
月から2014年7月まで東京国税不服審判所国税審判官。2019年から
東京大学法科大学院客員教授（現任）。

＜主要著作＞

「〈座談会〉租税訴訟における法務と税務のギャップ（上）（下）」
NBL1055 号・1057 号（2015 年）

『実務に活かす！　税務リーガルマインド』（編著、日本加除出版、
2016 年）

『金融機関の法務対策 5000 講』（共著、金融財政事情研究会、2018 年）

田中　貴士（たなか　たかし）　　　　　　　第 4 章担当

＜略歴＞
岩田合同法律事務所カウンセル弁護士（2005 年登録）。

＜主要著作＞
「会社法改正が M&A に与える影響」MARR230 号（共著、2013 年）

『時代を彩る商事判例』（共著、商事法務、2015 年）。

『新・株主総会物語—— 8 つのストーリーで学ぶ総会実務』（共著、
商事法務、2017 年）

『金融機関の法務対策 5000 講』（共著、金融財政事情研究会、2018 年）

藤原　宇基（ふじわら　ひろき）　　　　　　第 4 章担当

＜略歴＞
岩田合同法律事務所パートナー弁護士（2008 年登録）。2010 年から
2016 年まで労働大学校新任労働基準監督官前期研修「労働基準法と
民事法規」講師。

＜主要著作＞
『個人請負の労働者性の問題——労組法上の労働者性と実務対応のポ
イント』（共著、労働調査会、2011 年）

『174 の Q&A でみるマイナンバー制度の実務対応』（共著、税務研究
会出版局、2015 年）

『金融機関の法務対策 5000 講』（共著、金融財政事情研究会、2018 年）

松田　章良（まつだ　あきら）　　　　　　　第 1 章担当

＜略歴＞
岩田合同法律事務所パートナー弁護士（2008 年登録）。2015 年ニュー
ヨーク州司法試験合格。2019 年同弁護士登録。2015 年からシンガ
ポールの Drew & Napier LLC にて勤務（現任）。

＜主要著作＞
『The Anti-Bribery and Anti-Corruption Review Fourth Edition』（共著、
Law Business Research、2015 年）

「ハラスメント防止法の概要——ハラスメント事案の予防・解決のためには」シンガポール日本商工会議所月報 2016 年 9 月号（共著、2016 年）

深沢　篤嗣（ふかさわ　あつし）　　　第３章担当
　　＜略歴＞
　岩田合同法律事務所弁護士（2009 年登録・2014 年再登録）。2013 年 4 月から 2014 年 3 月まで金融庁・証券取引等監視委員会事務局取引調査課にて証券調査官として勤務。
　　＜主要著作＞
　『Q&A 社外取締役・社外監査役ハンドブック』（共著、日本加除出版、2015 年）
　『金融機関役員の法務——コーポレートガバナンスコード時代の職責』（共著、金融財政事情研究会、2016 年）
　『新・株主総会物語—— 8 つのストーリーで学ぶ総会実務』（共著、商事法務、2017 年）
　「課徴金処分取消判決等を踏まえたインサイダー取引防止・情報管理の実務上の留意点」商事法務 2125 号（共著、2017 年）
　『金融機関の法務対策 5000 講』（共著、金融財政事情研究会、2018 年）

大浦　貴史（おおうら　たかし）　　　第４章担当
　　＜略歴＞
　弁護士（2010 年登録）。2014 年 1 月から 2015 年 3 月まで金融庁検査局にて金融証券検査官として勤務。2017 年 10 月から大手不動産会社勤務（現任）。
　　＜主要著作＞
　『Q&A 家事事件と銀行実務——成年後見・高齢者・相続・遺言・離婚・未成年』（共著、日本加除出版、2013 年）
　『Q&A インターネットバンキング』（共著、金融財政事情研究会、2014 年）
　『金融機関役員の法務——コーポレートガバナンスコード時代の職責』（共著、金融財政事情研究会、2016 年）
　『金融機関の法務対策 5000 講』（共著、金融財政事情研究会、2018 年）

冨田　雄介（とみた　ゆうすけ）　　　第５章担当
　　＜略歴＞
　岩田合同法律事務所弁護士（2010 年登録）。2014 年 10 月から 2016 年

223

編著者・執筆者紹介

9 月まで三井住友信託銀行株式会社勤務。

＜主要著作＞

『Q&A 家事事件と銀行実務――成年後見・高齢者・相続・遺言・離婚・未成年』（共著、日本加除出版、2013 年）

『民法改正で金融実務はこう変わる！――業務への影響をいち早く解説』（共著、清文社、2015 年）

『業種別ビジネス契約書作成マニュアル――実践的ノウハウと契約締結のポイント』（共著、日本加除出版、2015 年）

『Q&A 社外取締役・社外監査役ハンドブック』（共著、日本加除出版、2015 年）

『金融機関役員の法務――コーポレートガバナンスコード時代の職責』（共著、金融財政事情研究会、2016 年）

『金融実務に役立つ成年後見制度 Q&A』（共著、経済法令研究会、2017 年）

『金融機関の法務対策 5000 講』（共著、金融財政事情研究会、2018 年）

笹川　豪介（ささかわ　ごうすけ）　　　　　　　　第 6 章担当

＜略歴＞

弁護士（2011 年登録）。2012 年から筑波大学大学院ビジネス科学研究科法曹専攻非常勤講師、2016 年から京都大学法学部非常勤講師（信託法の理論と実務）。2004 年 4 月から中央三井信託銀行（現三井住友信託銀行）、2019 年 2 月から LINE 株式会社勤務（現任）。

＜主要著作＞

『Q&A 信託業務ハンドブック〔第 3 版〕』（共著、金融財政事情研究会、2008 年）

「実務にとどく　相続の基礎と実践」金融法務事情 1994 号～2050 号（連載）（2014 年～2016 年）

『信託法実務判例研究』（共著、有斐閣、2015 年）

『一問一答　民法改正と金融実務』（共著、経済法令研究会、2017 年）

『AI ビジネスの法律実務』（共著、日本加除出版、2017 年）

『金融機関の法務対策 5000 講』（共著、金融財政事情研究会、2018 年）

鈴鹿　祥吾（すずか　しょうご）　　　　　　　　　第 5 章担当

＜略歴＞

東京地方裁判所判事補（2013 年 1 月任官）。2016 年 4 月から 2018 年3 月まで岩田合同法律事務所弁護士（「判事補及び検事の弁護士職務経験に関する法律」に基づく）。

編著者・執筆者紹介

<主要著作>

『金融実務に役立つ成年後見制度 Q&A』（共著、経済法令研究会、2017 年）

『金融機関の法務対策 5000 講』（共著、金融財政事情研究会、2018 年）

羽間　弘善（はざま　ひろよし）　　　　　　第 2 章担当

<略歴>

岩田合同法律事務所弁護士（2014 年登録）。

<主要著作>

「企業間取引の円滑化」Business Law Journal 103 号（共著、2016 年）

『金融機関の法務対策 5000 講』（共著、金融財政事情研究会、2018 年）

山田　康平（やまだ　こうへい）　　　　　　第 3 章担当

<略歴>

岩田合同法律事務所弁護士（2014 年登録）。

<主要著作>

『新・株主総会物語――8 つのストーリーで学ぶ総会実務』（共著、商事法務、2017 年）

『金融機関の法務対策 5000 講』（共著、金融財政事情研究会、2018 年）

小西　貴雄（こにし　たかお）　　　　　　　第 6 章担当

<略歴>

2015 年 12 月から 2019 年 7 月まで岩田合同法律事務所弁護士。

<主要著作>

『実務に活かす！　税務リーガルマインド』（共著、日本加除出版、2016 年）

『新・株主総会物語――8 つのストーリーで学ぶ総会実務』（共著、商事法務、2017 年）

『金融機関の法務対策 5000 講』（共著、金融財政事情研究会、2018 年）

鈴木　智弘（すずき　ともひろ）　　　　　　第 2 章担当

<略歴>

岩田合同法律事務所弁護士（2015 年登録）。

<主要著作>

『新・株主総会物語――8 つのストーリーで学ぶ総会実務』（共著、商事法務、2017 年）

『金融機関の法務対策 5000 講』（共著、金融財政事情研究会、2018 年）

225

民法改正対応　契約書作成のポイント

2018年5月15日　初版第1刷発行
2019年10月10日　初版第2刷発行

編 著 者　　若 林 茂 雄　鈴 木 正 人
　　　　　　松 田 貴 男

著 　 者　　岩田合同法律事務所

発 行 者　　小 宮 慶 太

発 行 所　　株式会社 商 事 法 務
　　　　　　〒103-0025 東京都中央区日本橋茅場町 3-9-10
　　　　　　TEL 03-5614-5643・FAX 03-3664-8844〔営業部〕
　　　　　　TEL 03-5614-5649〔書籍出版部〕
　　　　　　https://www.shojihomu.co.jp/

落丁・乱丁本はお取り替えいたします。　　　　印刷／広研印刷㈱
© 2018 Shigeo Wakabayashi, et al.　　　　Printed in Japan
　　　　　　　　　Shojihomu Co., Ltd.
　　　　ISBN978-4-7857-2627-0
　　　　＊定価はカバーに表示してあります。

JCOPY ＜出版者著作権管理機構 委託出版物＞
本書の無断複製は著作権法上での例外を除き禁じられています。
複製される場合は、そのつど事前に、出版者著作権管理機構
（電話 03-5244-5088、FAX 03-5244-5089、e-mail: info@jcopy.or.jp）
の許諾を得てください。